Gustav Michaelis

Bericht über Moon's Blindenschrift

Gustav Michaelis

Bericht über Moon's Blindenschrift

ISBN/EAN: 9783743653603

Hergestellt in Europa, USA, Kanada, Australien, Japan

Cover: Foto ©Thomas Meinert / pixelio.de

Weitere Bücher finden Sie auf **www.hansebooks.com**

BERICHT

ÜBER

MOON'S BLINDENSCHRIFT.

— · —

Von

Dr. G. Michaelis.

Mit einer Druckprobe.

BERLIN 1861.

Verlag von Wilhelm Hertz

(Besser'sche Buchhandlung).

Bericht über Moon's Blindenschrift in Berlin.

William Moon, Mitglied der k. geographischen Gefellschaft in London, traf im Herbste des Jahres 1839
das Schickfal gänzlich zu erblinden; er lernte bald darauf mit Hilfe der von Frere erfundenen erhaben gedruckten Bücher lefen und bemühte fich dann auch andere
Blinde im Lefen zu unterrichten; unter diefen befand fich
ein Knabe, der fich 5 Jahre hindurch vergebens bemühte,
es zu lernen. Moon fuchte, um es ihm zu erleichtern,
ein einfacheres System zu erfinden, was ihm fo gut ge-
lang, daß der arme Knabe bald danach leichte Sätze
lefen lernte.

Diefer Erfolg veranlasste Moon, fich nach Mitteln
umzufehen, um Bücher für Blinde in größerem Maßstabe
zu drucken. Nach zwei Jahren fand fich ein Wohltäter,
der ihm hinreichende Typen zur Dispofition stellte, um
das Werk zu beginnen. Die erste Veröffentlichung erschien im Sept. 1847 in Form einer Monatsschrift für
Blinde. Anfangs wurde mit einer kleinen hölzernen
Presse gedruckt, welche nach 2 Jahren mit einer stärke-
ren vertauscht wurde.

Es entstand bald das Verlangen nach verschiedenen
Teilen der Bibel, wozu jedoch die Typen und die fonsti-
gen Hilfsmittel nicht ausreichten. Dies führte auf den
Gedanken Stereotypplatten herzustellen, welche verhältnis-
mäßig wenig kosteten. Die Stereotypirung begann im
Sept. 1848 und am Schlusse des Jahres 1851 war das
Neue Testament vollendet. Im folgenden Jahre wurden
Teile des Alten Testaments in Circulation gefetzt, zu
deren Herstellung namentlich D. Taylor Esq. und S.
Gurney Esq. die Mittel hergaben. Durch diefe Unter-

1

stützung wuchs das Werk fo an, daß Moons Privatwohnung
zu klein wurde, um es weiter zu führen; es wurde ein
passendes Grundstück erworben, um auf demselben die
für die Druckerei nötigen Gebäude zu errichten. Christ-
liche Freunde trugen bereitwillig bei, fo daß im Aug.
1856 der Bau beginnen konnte. Zur Weiterführung desfelben fah fich jedoch Moon genötigt eine Hypotheken-
schuld von 1100 Pfd. St. aufzunehmen. Es find nun wohlwollende Freunde der Sache zufammengetreten, um die
Mittel zur Deckung diefer Schuld zufammenzubringen.
Samuel Gurney Esq., E. Gurney Esq., R. C. L.
Bevan Esq. und C. Rogers Esq. haben jeder 100 Pfd.
St. unterzeichnet, für den Fall, daß die übrigen 700 Pfd.
St. anderweitig zufammenkommen würden. Wie wir hören,
haben die Beiträge diefe Summe bereits namhaft überschritten.

Schon 1858 ist die ganze Bibel in englischer Sprache
vollendet worden, ebenfo find andere nützliche Werke
gedruckt, welche fich von England aus weit über die
Erde verbreitet haben. Die British and Foreign Bible
Society hat einen Zuschuss von 300 Pfd St. gewährt zu
dem befondern Zwecke, um Moon in den Stand zu fetzen,
auch Werke in fremden Sprachen zu drucken. Schon
find Teile der Bibel in etwa 30 Sprachen gedruckt.

In vielen Städten Englands haben fich Gefellschaften
gebildet, um namentlich die erwachsenen Blinden im
Lefen unterrichten zu laſſen und mit Büchern zu verfehen.
Zuerst bildete fich eine folche Gefellschaft in London,
deren Präfident der Earl of Shaftesbury, Vicepräfidenten
die Bischöfe von London, Carlisle und Ripon wurden.
Der erste Lehrer war ein Blinder, der wegen feines Alters
keine Aufnahme in einer Blindenschule finden konnte.
Von 71, welche im ersten Jahre unterrichtet wurden,
lernten 20, einschließlich zweier über 70 Jahr alten, schon
nach 2—3 Stunden lefen. Es mehrte fich dann bald die
Zahl der Lehrer und gingen folche von London aus
nach vielen andern Städten.

Während der Sommermonate 1858 u. 1859 reifte Moon

durch Holland und einen Teil von Deutschland, um fich
über das zu unterrichten, was hier für das Lefen der
Blinden geschehen fei. Er überzeugte fich, daß die Kennt-
nis des Lefens in den von der Stuttgarter Bibelgefellschaft
in lateinischen Majuskeln gedruckten Büchern im ganzen
nur schwäch war und fast überall für fehr schwierig galt.
Der Verfuch fein System in einem Blindeninstitut in
Rotterdam einzuführen hatte einen günstigen Erfolg.

Ueber eine zweite Reife, welche Moon 1860 nach
Holland und Deutschland machte, hat er fich felbst aus-
führlich auf dem am 3. Feb. 1861 in der Town-Hall zu
Brighton abgehaltenen 14. Jahresmeeting der Förderer
und Freunde feines Systems ausgesprochen. Wir entnehmen daraus folgendes:

„Teuere Freunde, manchen von Euch wird es noch
erinnerlich fein, daß in unfrer vorjährigen Verfammlung
ein Brief eines der Directoren der Blindenschule zu
Rotterdam vorlefen wurde, in welchem diefer schrieb,
daß man, ermutigt durch den Erfolg des Lefeunterrichtes
nach meiner Methode in der dortigen Anstalt, fich verpflichtet fühle, nicht länger die Freunde in England für
die Herstellung der Bücher für die Blinden in Holland
in Anspruch zu nehmen, fondern die Mittel herbeischaffen
wolle, um eine eigene Presse aufzustellen, wenn ich du-
zu meinen Beistand gewären wolle. Ich verließ deshalb
begleitet von meinem Sohne und einem Arbeiter im Mo-
nat Mai London mit einer Presse und dem nötigen Material. Schon am Tage meiner Ankunft in Rotterdam wurde
die Presse aufgestellt und damit das erste außerhalb Englands nach meinem System gedruckte Blatt hergestellt.
Der unermüdliche Eifer meiner holländischen Freunde
machte es mir möglich nach etwa 3 Wochen nach Eng-
land zurückzukehren. Durch den reichlichen Beistand meiner Freunde konnte
ich am 19. Juli eine neue Reife antreten. In Rotter-
dam war man inzwischen rüstig fortgeschritten: ein
Blinder war täglich 3 Stunden in dem Institut beschäftigt
worden, die Blinden lefen zu lehren, in der übrigen Zeit

hatte er Blinde in ihren Wohnungen unterrichtet. Im
Haag hatte Dr. Cappadoso 9 Perfonen im Lefen unterwiefen, darunter einen Mann, der zugleich taub und
blind ist.*)

In Hannover fagte mir der Schulinspector Hr. Cam-
mann, daß er damit umgehe, meine Bücher in der Blindenschule einzuführen, weil das Lefen der Stuttgarter
Schrift für die meisten zu schwierig fei. Ich hatte die
Freude, noch ehe ich Hannover verließ, zwei blinde Knaben
nach meinem Systeme gut lefen zu hören, obwohl fie
erst feit 14 Tagen darin unterrichtet waren.

In Berlin versprachen die Hrn. Dr. Krummacher,
Dr. Hoffmann, Dr. v. Mühler u. Mr. Neuhauß Mit-
glieder eines Comités für meine Sache werden zu wollen.
Seine Excellenz der Staatsminister v. Bethmann-Hollweg fagte mir alle ihm mögliche Hilfe zu. Mr. Millard,
der Agent der Bibelgefellschaft, zeigte großen Eifer und
begleitete mich, damit keine Zeit verloren ginge, auf
meinen Wegen. Am zweiten Tage nach meiner Ankunft
in Berlin fanden wir im Bibelhaufe den blinden Hrn.
Bernhard, der uns erwartete, um im Lefen unterwiefen
zu werden. In einer halben Stunde lernte er das Alphabet und las 1¼ Zeilen des Vaterunfer. Bei der nächsten
Lection las er difes ganz und fing das 14. Capitel St.
Johannis an; etwa 14 Tage später begann er bereits
einige Blinde zu unterrichten. Meine nächste Schülerin

---

*) Ueber andere Fälle des Unterrichtes von Perfonen, welche
taub und blind sind, vergleiche man den Bericht des Dr. Howe
über die blinde u. taube Laura Bridgman in Zeune's Balisar
oder über Blinde und Blindenanstalten, 7. Aufl. S. 117; ferner über
den von Dr. Hirzel in Lausanne unterrichteten Eduard Meister
das Werk: „Darkness and Light, or brief Memorials of two
blind deafmutes with facts relating to the Origin of Moon's System
of Reading for the Blind, edited by Mrs. W. Fison. Brighton 1859".
Bei dem psychologischen Interesse, welches dieser Unterricht bietet,
wären allerdings etwas genauere Angaben über die Krankheitsge-
schichten der betreffenden Personen wünschenswert gewesen, da die
Angaben an den angeführten Orten uns noch nicht recht ausreichend erscheinen, um ein genügendes Urteil über den Unterricht taubstummer
Blinder zu gewinnen.

war ein Mädchen, Namens Rofa, welche feit 18 Jahren blind war; fie hatte mehrfache Anstrengungen gemacht das Lefen nach dem Stuttgarter System zu lernen, doch ohne Erfolg; fie lernte mein System in kurzer Zeit und gab ihre Freude darüber in der rührendsten Weife zu erkennen.

In Drefden erklärte der Director der Blindenschule mein System für besser als alle, welche er bis dahin kennen gelernt habe, und versprach mit feinen Zöglingen einen Verfuch danach anstellen zu wollen.

So hoffe ich, daß der Same, welcher auch in Deutschland ausgestreut ist, reichliche und gefegnete Früchte bringen werde!"

In Folge der in Berlin gegebenen Anregung wurde von dem Comité, welches fich bildete, eine Aufforderung zu einer Verfammlung erlassen, welche den Zweck hatte: die Vorzüge des Moonschen Systems einer öffentlichen Prüfung zu unterwerfen.

Diefer Aufforderung war folgende Ansprache beigegeben:

Die Blinden.

Seit einer Reihe von Jahrzehnten ist der Eifer wahrhafter Menschenfreunde bemüht, das Loos der Blinden zu verbessern. Diefe Bemühungen find teils darauf gerichtet, den bedürftigen unter ihnen Pflege und Unterhalt zu gewähren oder doch fie in den Stand zu fetzen, fich ihr Brot felbst verdienen zu können, vorzüglich aber darauf, ihnen für die Bildung ihres Geistes und die Nahrung ihrer Seele diefelben Quellen aufzuschließen, welche den Sehenden dargeboten find. Das gesprochene Wort, die Mufik und was fonst dem Ohr vernehmlich, wird bei der Unterweifung des Blinden stets die erste und vorzüglichste Stelle einnehmen. Wenn aber nach dem Culturstande der gebildeten Nationen auch das geschriebene Wort unter den Bildungsmitteln derfelben eine Stelle einnimmt, welche hinwegzudenken unmöglich ist, fo war es eine innere Notwendigkeit, auch für den Blinden, wenn

er an dem allgemeinen Bildungsstande seiner Nation Teil
haben sollte, Mittel und Wege zu finden, um ihm die
Kunst des Lesens und Schreibens zugänglich zu machen.
Die Erfindung wurde gemacht. Die Fingerspitze musste
den Dienst des Auges übernehmen, das Gefühl das Gesicht
ersetzen. Das erhaben oder vertieft ausgeprägte Schriftzeichen, dem Gefühle wahrnehmbar, trat an die Stelle
des dem Auge sichtbaren. Aber eine weitreichende Wir-
kung ging von dieser trefflichen Erfindung zunächst nicht
aus. Die in den Blindenunterrichtsanstalten erworbene
Fertigkeit des Lesens ging den meisten bei dem Aus-
tritt aus denselben und bei der Beschäftigung mit rauhe-
rer Arbeit schnell wieder verloren. Es fehlte an einer
ausreichenden, in der Blindenschrift gedruckten Literatur,
an Büchersammlungen, welche auch den Unbemittelten
zugänglich sein mochten. Erwachsene Personen, zumal
wenn das Gefühlsvermögen derselben durch Arbeit bereits
einigermaßen abgestumpft worden, war es völlig unmöglich, nach dem bisher üblichen System der Blindenschrift
das Lesen neu zu erlernen.

Manch armer Blinder hat gewiss still gebetet, daß
Gott ihm wieder den Weg zu Seinem Wort und zur
Quelle alles Trostes öffnen möge. Auch dies Gebet
ist erhört und nun gezeigt worden, wie alle Blinde,
wenn sie nicht bereits jedes äußere Gefühlsvermögen
verloren haben, lesen lernen können. — Wunderbarer
Weise hat sich Gott hierzu eines blinden Werkzeuges
bedient.

Herr Moon, Mitglied der königlichen geographischen
Gesellschaft in London, erblindete selbst vor etwa 20
Jahren und erlernte nach einem früheren System, unter
unsäglicher Mühe, in der darnach hergestellten Blinden-
bibel zu lesen, lernte aber dabei zugleich die unüberwindlichen Schwierigkeiten kennen, welche sich den meisten
seiner Leidensgefährten bei ähnlichem Streben entgegenstellen. Herr Moon hat es sich seitdem zur Lebensauf-
gabe gemacht, ein anderes, allen Blinden zugängliches
System zu suchen. Gott hat sein Streben gesegnet und

ein Alphabet finden lassen, das wunderbar einfach nur aus fieben verschiedenen, scharf ausgeprägten Schriftzeichen besteht, die in verschiedenen Stellungen fämmtliche Buchstaben erkennen lassen. Taufenden von armen Blinden ist bereits der Segen diefer Arbeit zugänglich gemacht worden.

In England haben fich zur besseren Verbreitung der Lehrmethode in allen größeren Städten Vereine gebildet, die Herrn Moon unterstützen und veranlasst haben, die Segnungen feiner Blindenschrift anderen Ländern zugänglich zu machen. Durch einen Beitrag von 2000 Talern hat die große englische Bibelgefellschaft Herrn Moon ferner unterstützt, Teile der Heiligen Schrift in mehr als 30 verschiedenen Sprachen herzustellen, darunter auch einige Abschnitte in Deutsch. In englischer Sprache ist darnach bereits die ganze Heilige Schrift gedruckt, außerdem verschiedene vortreffliche Bücher belehrenden und erbauenden Inhalts, aus denen nun Bibliotheken zum freien Gebrauch für Blinde errichtet find. In England und Schottland haben, meist durch Vermittlung blinder Lehrer, gegen 2000 Erwachsene nach diefem System lefen gelernt. Im August v. J. befuchte Herr Moon verschiedene Teile Deutschlands, auch Berlin. Die Unterzeichneten wurden mit dem Zweck feines Befuches bekannt und prüften fein System, das uns fo viel Vortreffliches darzubieten schien, daß wir uns verpflichtet hielten, auch hier Verfuche anzustellen, um den praktischen Wert desfelben kennen zu lernen. Während der kurzen Zeit feines Aufenthalts in Berlin hat Herr Moon hier felbst verschiedene Blinde unterrichtet, darunter auch Herrn Bernhard, der schnell lefen lernte und feitdem eine große Anzahl meist erwachsener Blinder in Berlin aufgefucht hat, aus Mangel an Zeit und Büchern bisher aber nur etwa zwölf Blinde unterrichten konnte, die fich alle mehr oder weniger diefe Lefemethode zugeeignet haben. Außerdem find von den Johannisbrüdern noch mehrere Blinde unterrichtet worden.

Wir haben nun den Wunsch, unferen verehrten Mit-
bürgern das Refultat unferes Verfuchs vorzulegen und
uns ihren Rat und Beistand zu erbitten, um fernere Wege
verfolgen zu können, wodurch unter Gottes Segen der
traurige Zustand unferer armen Blinden innerlich und
äußerlich zu beffern ist.

Berlin, den 20. December 1860.

Dr. Hoffmann,	Dr. v. Mühler,
General-Superintendent.	Ober-Consistorial-Rath.
Pastor Oldenberg,	Otto Neuhauß.
Stellvertr. Vorst. des Johannisstifts.	

Die augekündigte erste Verfammlung fand unter
zahlreicher Beteiligung
Mittw. den 30. Jan. Abends von 6—8 Uhr
im Saale des Domcandidatenstifts statt. Die Leitung derfelben hatte Hr. Oberconfistorialr. Dr. v. Mühler über-
nommen. Zur Orientirung wurde eine kleine Schrift:
„A brief narrative of the Lord's dealings with W. Moon,
in his labors of preparing Books for the Blind. Brighton."
verteilt, welcher auf einer Tafel das Moonsche Alphabet
beigegeben ist. Nachdem die anwefenden Blinden, deren
etwa 15 waren, einen Choral gefungen hatten, hielt Hr.
Generalfuperintendent Dr. Hoffmann folgende Anrede:
Verehrteste Verfammlung!
Der Zweck, zu welchem wir uns erlaubten, Sie hie-
her einzuladen, ist Ihnen im allgemeinen schon bekannt;
dennoch muss ich mir gestatten, Ihnen mit einigen Worten
denfelben näher darzulegen. Sie fehen hier um den Tisch
eine Anzahl blinder Perfonen aller Altersstufen, unter
ihnen einige, die als deren Lehrer zu wirken angefangen
haben. Wir wollen eine Prüfung dessen vornehmen, was
fie in ihrem Unterrichte in den Häufern der Blinden in
unfrer Stadt erreicht haben. Der Unterricht galt dem
Lefen und zwar vermittelst eines neuen für den Tastfinn
der Blinden zugänglicheren vereinfachten Alphabetes,
welches vorigen Sommer ein Engländer, der unfere Stadt
befuchte, einige unter uns kennen gelehrt hat. Die Ver-

fuche, die wir damit angestellt, haben, wie wir glauben, ein günstiges Ergebnis geliefert und wir wünschen, daß auch Sie fich davon heute überzeugen.

W. Moon, welcher das Unglück hatte, im Jahre 1839 zu erblinden, ist feit jener Zeit bemüht gewefen feine Leidensgenossen lefen zu lehren, und zwar hat er verfucht, zu diefem Zwecke für die ältern Buchstaben neue einfachere aufzustellen.

Die ältere Methode, fo weit fie Verbreitung und Einfluss gewonnen hat, besteht darin, daß die großen lateinischen Buchstaben, die fogenannten Uncialen, erhöht in das Papier eingedruckt werden, und daß der Blinde durch Nachgehen und Befühlen mit den Fingerspitzen fich diefer einzelnen Schriftzeichen bemächtigt, und fo allmählich lefen lernt. Man nennt diefe Schrift jetzt gewöhnlich die Stuttgarter Schrift, weil die Stuttgarter Bibelgefellschaft in derfelben das Neue Testament hat drucken lassen. Es ist nicht zu leugnen, daß manche Blinde in dem Lefen diefer Uncialschrift eine ziemliche Fertigkeit erlangt haben.

Warum Moon diefe Schrift nicht beibehalten, fondern fich vielmehr bemüht hat, eine einfachere und leichtere zu erfinden, das liegt in folgenden Momenten. Einmal ist, wie jedermann weiß, die römische Uncial- schrift nicht eben eine fehr einfache; es find in ihr fo manche Schriftzeichen, welche angetastet nur langfam gewonnen und bemeistert werden können. Zweitens nimmt diefe Uncialschrift einen fehr großen Raum ein; bis eine Linie durchlefen ist, hat man nur wenige Worte ausgesprochen. Hiernach ist die nächst darunter folgende Zeile aufzufuchen; der Blinde muss, wenn er von links nach rechts eine Zeile gelefen hat, am Ende der Zeile zu der folgenden hinunter und dann schnell wieder zu dem Anfange diefer Zeile zurückgehen, um dann von hier aus weiter zu gehen, oder er muss auf der ersten Zeile wieder zurückgehen und dann hinunterrücken. Bei der Moonschen Schrift dagegen gehen die Zeilen ab-

wechselnd von links nach rechts und von rechts nach links. Am Ende jeder Zeile findet der Finger eine gebogene Linie, welche ihn fofort in die nächst darunter liegende Zeile führt, und in diefer liest er dann unmittelbar von links nach rechts oder von rechts nach links weiter. Die Zeilen gehen alfo in flachen Serpentinen von oben nach unten. Daß dies eine Erleichterung ist, leuchtet auf die erste Schilderung ein.

Dann find die Zeichen der Moonschen Schrift dadurch leicht behaltbar, daß fie eigentlich nur auf fieben einfache Zeichen zurückkommen; diefe find:

1) die gerade Linie in 4 Richtungen,
2) der Halbkreis in 4 Lagen,
3) ein spitzer Winkel mit dem Scheitel nach oben, unten, rechts oder links,
4) ein rechter Winkel in 4 Lagen,
5) eine an einem Ende umgebogene gerade Linie in verschiedenen Stellungen,
6) ein Kreis in 2 Größen,
7) eine zweifach umgebogene Linie in 2 Stellungen für N und Z.

Diefe 7 einfachen Zeichen bilden das ganze Moonsche Alphabet von 26 Buchstaben. Dadurch wird es fo bohändlich, daß nicht bloß Kinder, fondern auch ältere Leute fich diefer Schrift rasch bemächtigen können.

Gegen die Stuttgarter Schrift ist befonders das geltend gemacht, daß ein Blinder, welcher nicht bloß literarifche Gewohnheiten hat, oder wie Frauen der höheren Stände die Finger nur mit feinen Arbeiten beschäftigt, der vielmehr zu feinem Erwerbe mit feinen Händen auch gröbere Arbeiten tun muss, laut vielfacher Erfahrungen in wenigen Jahren die gewonnene Fertigkeit der Fingerspitzen für diefe Schrift verliert, fo daß alle diejenigen, welche fich unparteiisch über diefelbe ausgesprochen haben, fagen: Ja, die Stuttgarter Schrift ist wohl gut, um Kinder lefen zu lehren, aber die Kinder verlieren bald die Fähigkeit, in ihr zu lefen, wenn fie gröbere Arbeit tun müssen; auch taugt fie nicht dazu, ältere Perfonen, deren Tastfinn schon abgestumpft ist, lefen zu lehren.

Daß diefer Uebelstand bei der Moonschen Schrift nicht gleichermaßen stattfindet, dafür will ich nur die Erfahrung anführen, daß in dem Blindenafyl zu Rotterdam eine 80jährige Frau, welche feit etwa 30 Jahren erblindet war, nach dem Moonschen System in wenigen Tagen lefen gelernt hat.

Ein anderer Einwand gegen die Stuttgarter Schrift ist mir aus dem Kreife der Blinden felbst zu Ohren gekommen; ich habe einen, der darnach lefen gelernt hat, fagen hören, er hätte es aufgeben müssen nach diefem System zu lefen, weil ihn das längere Lofen fo angegriffen habe, daß er Kopfweh und Schwindel davon bekommen habe, während er nach dem Moonschen Systeme längere Zeit ohne jede unangenehme Empfindung lefen könne.

Die Frage ist alfo nun nicht die, ob die Blinden überhaupt lefen lernen können; das hat Moon nicht erst erfunden, fondern schon Andere vor ihm. Es fragt fich vielmehr nur, ob die Blinden nach dem Moonschen System schneller lefen lernen, und zwar auch diejenigen, welche nicht mehr die kindliche Feinfühligkeit der Fingerspitzen befitzen, wie auch die, welche von frühster Jugend ab erblindet find und nicht schon vorher irgend eine Schrift gelernt haben?

Diejenigen, welche bis jetzt, befonders in England, aber auch in andern Ländern, Blinde im Lefen nach dem Moonschen System unterrichtet haben, behaupten: das Moonsche System biete gegenüber dem Stuttgarter für bereits erwachsene Blinde einen großen Vorzug; es biete aber auch für diejenigen, welche bereits nach dem Stuttgarter System lefen gelernt haben, den großen Vorteil, daß fie nicht durch den Gebrauch der Finger zu gröberen Handarbeiten ihre Lefefähigkeit verlieren.

Allerdings find mir auch schon vielfach Einwände gegen die Vertauschung der Stuttgarter Schrift mit der Moon'schen zu Ohren gekommen. Man hat

gefagt, die Stuttgarter Schrift enthalte doch im Wefentlichen unfere allgemein üblichen Buchstaben, wenngleich
die Uncialen, die nicht jeder geläufig lieft; einer. der die
gewöhnliche Schrift kennt, lerne daher die Stuttgarter
Schrift leicht, und umgekehrt; es entstehe daher durch
die Stuttgarter Schrift eine Gemeinfamkeit zwischen dem
Sehenden und dem Blinden, fo daß der Sehende dem
Blinden einhelfen könne, was bei der Moonschen Schrift,
welche fast wie arabisch ausfehe, nicht der Fall fei. Diefer
Einwand scheint mir jedoch nicht von großer Bedeutung
zu fein, denn ein Sehender wird die Moonsche Schrift in
allen Fällen in wenigen Stunden fo lernen, daß er, wenn
er einen Blinden um fich hat, dem er nachhelfen foll,
dies bei der Moonschen Schrift ebenfo gut kann, wie bei
der Stuttgarter. Es wird dies aber auch viel weniger
nötig fein; denn alle, welche ich gehört habe, und namentlich die Blinden felbst, welche nach der Moonschen Schrift
lefen, wie auch insbefondere die Berichte der Blinden-
vereine in England, verfichern, daß es einer folchen Nach-
hilfe gar nicht bedürfe, der Blinde könne fich immer
felbst helfen.

Dann fagt man: man bringe durch die Moonsche
Schrift die Blinden doch gewissermaßen um etwas, was
zu den Gütern und Schätzen der Nation, der fie ange-
hören, zu rechnen fei, ihre Buchstabenschrift. Auch diefes
ist nur in einem fehr beschränkten Umfange wahr, denn
die Moonschen Buchstaben find ja doch zum größten Teil
nur vereinfachte Formen der lateinischen Uncialen. Dann
aber frage ich auch: was nutzt dem Blinden unfre Buchstabenschrift? Und die römische Uncialschrift ist ja unfere
Buchstabenschrift auch nicht. Wie viele Leute, welche
in den Schulen gut gelefen haben, werden wohl im Stande
fein, in einem mit lauter Uncialen gedruckten Buche gut
zu lefen?

Nur einen Einwand erkenne ich an: die Blinden
hätten nicht bloß lefen, fondern auch schreiben zu
lernen, das Lefen und Schreiben hange wefentlich zufammen. Ich will zugeben, daß vielleicht ein Blinder,

welcher nach der Moonschen Methode lefen gelernt hat,
die gewöhnliche Schrift etwas weniger rasch wird schreiben
lernen, als ein folcher, welcher die Stuttgarter Schrift
lefen gelernt hat. Mir scheint aber doch das Bedürfnis
des Lefens für die Blinden viel wichtiger zu fein, als das
des Schreibens.

Endlich habe ich noch eins für die Moonsche Schrift
anzuführen: es bedarf für die Bücher, welche in ihr gedruckt werden, einer bedeutend geringeren Masse Papieres
als für die, welche in der Stuttgarter Schrift gedruckt
werden, wodurch jene fich wohlfeiler herstellen lassen.
Auf ein Neues Testament, welches aus vielen Quartbänden
besteht, ist die Ersparung schon eine fehr bedeutende.

Nach der Stuttgarter Schrift hat man bis jetzt das
Neue Testament, nach der Moonschen hat man schon die
ganze Bibel englisch und Teile derfelben in deutscher
und in andern Sprachen; es find schon in 26 Sprachen
Bücher damit gedruckt. Es wird nicht fo schwer und
kostspielig fein, eine kleine deutsche Literatur damit herzustellen: Gefangbücher, Liederbücher, geistliche und
nichtgeistliche, historische, geographische Bücher, Land-
karten, naturwissenschaftliche Bücher mit Abbildungen
von Naturgegenständen, und was man fonst für das Lefen
der Blinden geeignet hält, während wir in hundert Jahren
nicht dazu kommen werden, eine folche Literatur in
Uncialschrift für die Blinden zu schaffen. Dies ist wohl
einer der Hauptgründe, welche für das System sprechen.
Es ist weniger eine Frage des Princips, als eine Frage
des Vorteils, ob die Moonsche Schrift bei uns eingeführt werden foll.

Nun erlaube ich mir noch zu fagen, wie wir dazu
gekommen find, Sie hier zu verfammeln. Herr Moon
kam im vorigen Sommer hierher und verfuchte einige
Perfonen, darunter auch mich, mit feiner Sache bekannt
zu machen. Mir leuchtete aus feinen Mitteilungen ein,
daß fein System eine große Abkürzung des Weges fei,
welchen Christentum und Menschlichkeit uns im Interesse
der Blinden gehen heißen, deren man in Großbritannien

und Irland etwa 29000, in Preußen eine verhältnismä-
ßige Anzahl rechnet. *)

Ich teilte dies dann auch einigen Freunden mit.
Moon fand den hier anwefenden Herrn Bernhard, einen
früheren Buchhändler und unterrichtete ihn in kurzer Zeit
nach feinem Systeme. Hr. Bernhard machte fich dann
daran, Blinde in der Stadt aufzufuchen und zu unterrichten. Es fand fich ein blinder Lehrer, Herr Mirow,
welcher hier auf dem Seminar einen Curfus durchge-
macht hat und der beide Systeme genau kennt. Auch
diefer hat dann weiter verfucht, Blinde nach Moon's
System zu unterrichten. Endlich hat auch der Diacon
Asmis, früher in Granfee, jetzt emeritirter Geistlicher
in Charlottenburg, Blinde unterrichtet und darin Erfahrungen gefammelt.

Was bis jetzt darin geleistet wurde, ist noch nicht
das Refultat einer fystematischen Arbeit, fondern freiwil-
liger Liebestätigkeit einiger christlicher Männer.

Ich habe nun nur noch hinzuzufügen, daß es fich
hier nicht darum handelt, Ihnen bloß zu fagen, was geschehen ist und etwa Lob für diefe wackern Männer
von Ihnen zu gewinnen, fondern daß wir daran denken
müssen, daß etwas Zufammenhangendes, etwas womöglich
Ausreichendes und zum Ziele Führendes geschehe. Dies
hängt aber nicht von ein paar strebfamen Männern ab,

---

*) Nach dem Census von 1851 waren in Groszbritannien
Blinde:

unter 20 Jahren	2,929
zwischen 20 u. 60 Jahren	8,456
über 60 Jahr	10,102
Summa	21,487

und in Irland gegen 8000.
Nach den Tabellen und amtlichen Nachrichten über den preuszi-
schen Staat für das Jahr 1858, herausgeg. von dem statistischen
Bureau zu Berlin, waren in Preuszen

Blinde:		männl.	weibl.
bis zum vollendeten 15. Jahre	926	521	405
nach dem 15. u. vor vollendetem 30. Jahre	1445	735	710
nach vollendetem 30. Jahre	7834	4027	3807
	10,205	5283	4922

auch nicht von den wenigen Freunden, welche mit mir
zufammengetreten find, fondern das müssen wir abhängig
fein lassen von der christlichen Liebe, der Intelligenz
und dem klaren Urteil vieler und womöglich auch derer,
welche in unfrer Stadt und in unferem Staate in Sachen
des Unterrichtes und der Bildung ein ernstes Wort zu
reden, welche zu handeln und zu leiten haben.

Provinzialschulr. **Bormann:** Ich erlaube mir die Frage,
in welchem Verhältnis die Preife der Bücher nach dem
Moonschen System zu denen nach dem Stuttgarter stehen?

Die angeführten Preife ergaben, daß gegenwärtig die
Bücher nach dem Moonschen System noch erheblich
teurer zu stehen kommen, als die nach dem Stuttgarter
System abgegeben werden.

Oberbürgermeister Dr. **Krausnick:** Es kommt hier
nicht darauf an, zu welchem Preife eine wohltätige Gefellschaft die Bücher abzugeben vermag, fondern die
wirklichen Herstellungskosten gegenüber zu stellen, zu
denen möglicherweife jeder Buchhändler diefelben würde
liefern können. Die Zeichen der Moonschen Schrift
find fo einfach, daß wenn die wenigen dazu nötigen
Matrizen einmal gegossen find, fich damit unter allen
Umständen ebenfo leicht und wohlfeil wird drucken lassen,
wie mit jeder andern ähnlichen Schrift, und es find jedenfalls für die Moonsche Sohrift weit weniger Stempel herzustellen als zu der Stuttgarter Schrift.

Provinzialschulr. **Bormann:** Es handelt fich hier
um die Beschaffung von Lehrmitteln, auf die wir nicht
warten können, und wenn wir diefe noch einmal fo teuer
bezahlen müssen, als wir fie bisher bezahlt haben, fo ist
das für uns, die wir auf das Knappste angewiefen find
und zu dem Wohlfeilsten greifen müssen, ein Hindernis
die neue Methode zu empfehlen.

Oberconfistorialr. Dr. v. **Mühler:** Ich möchte nun
bitten, daß einige von den Blinden ihre Erfahrungen
aussprechen, und daß wir dann zu Lefeproben übergehen.

Blindenlehrer **Bernhard:** Hochwürdige Herrn, ich
habe die Ehre Ihnen hier eine kleine Zahl blinder Lei-

densgeführten vorzuführen, welche nach und nach von mir gefucht und aufgefunden wurden. Der Unterricht mit den einzelnen hat danach kürzere oder längere Zeit gedauert.

Sie find dem Berufe und Alter nach fehr verschieden; der älteste unter ihnen, alfo der Patriarch der kleinen Gefellschaft, ist 59 Jahr alt, die jüngste ein Mädchen von 12 Jahren. Ihre Erblindung erfolgte auch zu verschiedenen Zeiten, bei einigen in der frühsten Kindheit, bei andern in den späteren Jahren; mehrere von ihnen haben das hiefige Blindeninstitut befucht. Alle nahmen meine Mission und die Nachricht, daß fie lefen lernen follten, mit großer Freude auf, und einer derfelben, welcher fich anfangs weigerte, wurde später einer der eifrigsten Schüler.

Die Taktik, welche ich beim Unterrichte beobachtete, war die, daß ich fie zuerst die Buchstaben durchfühlen ließ, welche mit den lateinischen fast ganz gleich find oder doch wenigstens eine große Ähnlichkeit haben, wie A, I, O, U u. f. w., dann ging ich zu den ungleichen und nachdem fie fich nur einigermaßen das Alphabet angeeignet hatten, schritt ich fofort zum Lefen und nahm zuerst das Vaterunfer zur Hand. Dies erleichterte das Lefen und den Unterricht fehr, da es allen bekannt war. Dann ging ich zu einzelnen Stellen des Evangelii Johannis über. Zuerst wurde Druck mit gespaltenen Zeilen angewandt und zuletzt schritt ich zu dem engeren compressen Druck. Alle lernten das Lefen mit nicht zu großer Schwierigkeit; nur bei einer, welcher alle Anfangsgründe und Vorkenntnisse fehlten und die bereits den Frühling ihres Lebens überschritten hatte, konnte ich es nicht bis zum felbständigen Lefen bringen, fondern nur zum Zufammenbringen der Worte. Bei einer andern musste ich trotz aller Mühe, die ich mir gab, den Unterricht aufgeben, weil ihr alle geistige Begabung und Fassungskraft abging. Ein glänzendes Refultat ist mit der jüngsten Schülerin erzielt, welche in kürzester Zeit, wenn auch nicht geläufig, doch einigermaßen ficher lefen gelernt hat.

Ich felbst traf, fo viel mir erinnerlich ist, am 31. Juli
v. J. im Depot der englischen Bibelgefellschaft mit Herrn
Moon zufammen und wurde dort mit feinem Vorhaben
bekannt. Anfangs regten fich bei mir kleine Bedenken
und ich war in Zweifel, was ich tun follte, da ich bereits Schiffbruch an der fogenannten Stuttgarter Schrift
gelitten hatte, doch entschloss ich mich die neue Schrift
zu lernen und es wurde mir ziemlich leicht. So bin ich
feit dem 15. Aug. v. J. als Lehrer in Tätigkeit.

Hr. Mirow: Auf meinen Wunsch brachte mir Hr
Bernhard das Alphabet, worauf ich die Buchstaben kennen
lernte; ich fand, daß fie viel einfacher find und fich mit
den Fingern viel leichter unterscheiden lassen als die der
Stuttgarter Schrift, wo unter andern N, H, M schwer zu unterscheiden find. Hier find N und Z die zufammengefetz-
testen Buchstaben, aber fie können doch nicht leicht verwechselt werden. Bei der Stuttgarter Schrift bekam ich
leicht schon bei dem ersten Capitel Kopfweh, hier kann
ich ohne Beschwerde zwei Capitel lefen und es geht auch
mit dem Lefen viel schneller. Die Stachelschrift kann
ich auch lefen, aber fie greift die Finger fehr an, fo daß
man, wenn man einige Zeit gelefen hat, warten muss,
weil das Gefühl abgestumpft ist.

In ähnlicher Weife sprachen fich noch einige andere
Blinde aus. Auf den Wunsch des Hrn. Oberpräfidenten
Dr. Flottwell wurde nun ein Capitel des Briefes Johannis und andere Schriftstellen gelefen. Es liegt in der
Natur der Sache, daß die Fertigkeit der einzelnen lefenden eine verschiedene war, im ganzen aber erschien
das Refultat als ein die besten Hoffnungen erweckendes.

Hr. Dr. Pappenheim wünschte über das Princip,
nach dem die Schriftzeichen gewählt und auf die einzelnen
Laute verteilt find, nähere Auskunft.

Prediger Asmis: Es kommt hauptfächlich darauf
an, die Zeichen fo zu wählen, daß ihre Aneignung den
Blinden fo leicht wie möglich gemacht wird, da fie bei
dem Mangel des Lichtes schon genug zu lernen haben.
Es ist daher ein großer Vorzug der Moonschen Schrift,

daß fie nur eine verhältnismäßig fo kleine Anzahl von verschiedenen Grundformen hat. Ich felbst habe nur in oinem Finger die Fähigkeit zu lefen, wodurch mir die Sache fehr erschwert wird. Jeder weiß, daß in der Spitze des Zeigefingers fich die meiste Gefühlstätigkeit concentrirt, weshalb den Blinden nicht zu complicirte Formen geboten werden dürfen. Es kommt daher viel weniger darauf an, daß die Zeichen nach einem höheren sprachwissenschaftlichen Princip gewählt find, als darauf, daß fie fo einfach wie möglich find, um durch den Finger leicht erkannt zu werden. Bei der Schrift, von welcher Zeune feinem Belifar eine Probe beigegeben hat, ist dem Gedächtnis viel mehr zugemutet. Ich habe nur etwa 3 Stunden gebraucht, um mir das System klar zu machen, und habe dann ohne alle Hilfe einen zweiten und dritten zurecht gewiefen.

Oberconfistorialr. Dr. v. Mühler: Wir werden, da die Zeit vorgerückt ist, für heute wohl hier abbrechen müssen, ich erfuche aber die geehrte Verfammlung zu einer weiteren Beratung über die Sache heute über acht Tage wieder hier zufammenzutreten.

Zweite Verfammlung,
am 6. Febr. 1861, Abends 6—8 Uhr,
im Saale des Domcandidatenstifts. Der Verfammlung wohnte der Hr. Minister der geistlichen, Unterrichts- und Medicinalangelegenheiten v. Bethmann-Hollweg bei.

Oberconfistorialr. Dr. v. Mühler: Meine Herrn, wir haben Sie gebeten, heute wieder hier zu erscheinen, um über den Gegenstand, welcher uns vor acht Tagen beschäftigt hat, weitere Besprechungen vorzunehmen. Der Zweck diefer Verfammlung ist näher zu prüfen, ob das in England erfundene System auch für unfere Verhältnisse anwendbar fei und diefelben günstigen Erfolge verspreche, welche es nach den Berichten in England gehabt hat.

Wir haben uns vor acht Tagen einige Proben vor-

zuführen erlaubt, die allerdings nur unvollkommen fein
konnten, da die Verfuche fich nur in beschränktem Umfange bewegt haben. Es handelt fich hier, nicht fowohl
um eine abfolute Vergleichung der beiden Systeme, welche
fich gegenüberstehen, des Stuttgarter, welches in über-
wiegendem Gebrauch ist, und des Moonschen: auch nicht
um die Frage, ob das eine oder das andere in den be-
stehenden Blindenanstalten bleiben oder vertreten werden
folle: fondern vielmehr um eine forgfame Prüfung und
Erörterung der Frage, ob das Moonsche System außerhalb der Blindenanstalten für die in freien Ver-
hältnissen fich bewegenden Blinden folche Vorzüge be-
fitze, daß die Verbreitung desfelben in diefen Kreifen
eine fegensvolle zu werden verspricht?

Da scheinen uns befonders die Wahrnehmungen
wichtig zu fein, welche die Blinden felbst gemacht
haben. Wir haben aus dem Munde mehrerer der anwefenden Blinden gehört, daß fie dem Moonschen Systeme
den Vorzug zuerkennen; es ist uns namentlich gefagt,
daß diejenigen, welche das Stuttgarter System erlernt
haben, doch viel Beschwerde finden, wenn fie es zu ihrer
Privaterbauung anwenden wollen, es spanne die Nerven
zu fehr an, während das Moonsche das Lefen fo erleichtere,
daß es ohne Beschwerde eine längere Zeit getrieben
werden könne.

Der Gang der Discussion in der ersten Verfammlung
hat diefe beiden Fragen wohl nicht genug auseinander
gehalten; es hat fich die Meinung herausgestellt, als fei
es die Abficht des Comité's eine Reform innerhalb
der Blindenanstalten felbst herbeizuführen. Es kommt
uns natürlich in keiner Weife zu, in diefer Beziehung
etwas bestimmen zu wollen: wohl aber können wir fragen,
ob man durch freiwillige Tätigkeit den in Privatverhält-
nissen lebenden Blinden die Erleichterung zuführen könne
und folle, welche das Moonsche System zu gewähren
scheint.

Ich bemerke zurückleitend auf die in England ge-
machten Erfahrungen, daß auch dort die Tätigkeit fich

2*

in gleicher Weise entwickelt hat. Auch dort haben fich freie Vereinigungen gebildet, es find Mittel aufgebracht und angewandt, um eine Anzahl von Druckschriften herzustellen. man hat Leihbibliotheken aufgestellt, damit auch die unvermögenden Blinden die Bücher, welche zu ihrem Unterrichte und zu ihrer Erbauung dienen, leihweife benutzen können.

Ich bitte zunächst einige Zeugnisse vorlegen zu dürfen, welche uns inzwischen schriftlich eingegangen find.

Herr O. Neuhauss verlieft einen Auszug aus dem zweiten Bericht der Gefellschaft in Edinburg zur Verbreitung des Lefens unter den Blinden in Schottland, vom März 1860.

Nach verschiedenen Berichten von einzelnen Perfonen und aus kleineren Kreifen heißt es dafelbst S. 19:

Bericht der Blinden aus dem Blindenafyl in Edinburg.

Wenn es darauf ankommen würde, die Überzeugung einer Anzahl Blinder über diefen Gegenstand zusammenzufassen, fo find wir fest überzeugt, daß fich diefelben darin vereinigen würden zu erklären, daß das von Moon aufgestellte System das beste ist. Zum Beweis erlauben wir uns die Erfahrung derer vorzulegen, die feit längerer Zeit im hiefigen Blindenafyl beschäftigt waren und unter denen fich Perfonen aus allen Schichten der Gefellschaft befinden. In diefem vortrefflichen Institute ist von den' Directoren die intellectuelle Fortbildung der Inwohner in keiner Weife neben der Sorge für ihr äußeres Wohlergehen vernachlässigt worden.

Mit Bezug auf das Lefen mittels erhabener Schrift haben die Directoren diefer Anstalt einen durchaus zu billigenden Weg eingeschlagen, fie haben fich an kein bestimmtes System gebunden, fondern haben, wie diefelben im Laufe der Zeit erschienen find. Bücher von allen angeschafft, ohne vorzuschreiben, welche Lefemethode verfolgt werden folle. Man wollte alles prüfen und das beste behalten. Wir alle, die wir fämmtlich erst in vorgerückteren Jahren erblindet find, müssen bekennen, daß

die von Gall, Alston u. a. aufgestellten Systeme für
uns nicht mehr praktischen Wert haben als Sandpapier. Selbst
diejenigen unter uns, welche schon als Kinder in den Blindenschulen oder in dem hiefigen Afyle nach diefen Systemen
lefen lernten, haben diefe Fähigkeit schnell verloren, nachdem fie zu arbeiten begonnen und das feine Gefühl in
den Fingern verloren hatten. Die auf das Erlernen ver-
wandte Zeit und Mühe war für uns verloren, oder doch
von nur geringem Nutzen.

Wir erlauben uns hier noch zu erwähnen, daß wir
uns vielfach in andren Anstalten erkundigt haben, um zu
erfahren, ob und wer unter den erwachsenen Blinden
nach den früheren Systemen das Lefen erlernt habe.
Man hat uns nur von dreien gefagt, die mit großer
Mühe danach lefen lernten.

Zu Ende 1856 wurde in diefer Anstalt das Moonsche
System eingeführt und bald als befonders passend für
Blinde erkannt. Die Buchstaben find einfach, leicht zu
fühlen und leicht zu behalten. Es ist unfre innigste
Überzeugung, daß Blinde jedes Alters es fich schnell
und ohne große Mühe aneignen können. Diejenigen
unter uns, die in Folge ihrer Handarbeit das Lefen bereits verlernt hatten, fanden im Moonschen System einen
höchst willkommenen Erfatz. Unter den in hiefiger Anstalt befindlichen Frauen hatten mehrere lange Zeit ver-
geblich verfucht, nach den Systemen von Gall und Lucas
lefen zu lernen — nach dem Moonschen haben fie jetzt
in kurzer Zeit ihren Zweck erreicht.

Aus dem allen ist zu entnehmen, daß das von Moon
aufgestellte System allen andern vorzuziehen ist. Wir
find der Anficht, daß es nicht nur die beste Methode,
fondern auch die einzige ist, durch welche uns Blinden
ein dauernder Nutzen verschafft werden kann.

Wir wollen diefe Gelegenheit nicht vorübergehen
lassen, ohne der Edinburger Gefellschaft, die es
fich zur Aufgabe gestellt hat, Mittel und Gelegenheit zu
schaffen, damit die Blinden nicht nur lefen lernen, fondern auch Bücher erhalten können, unfern wärmsten

Dank auszusprechen. Wir felbst haben in diefer Anstalt ein Afyl gefunden, in welchem in jeder Weife für
unfere geistigen Bedürfnisse geforgt wird. Wir werden
deshalb felbst weniger von dem Segen und den Woltaten
betroffen, welche diejenigen unferer blinden Leidensge-
führten jetzt empfangen, die in keiner Blindenanstalt angenommen werden konnten, die aber jetzt regelmäßig
unterrichtet werden, meist von blinden Lehrern, welche fie
in ihren Wohnungen auffuchen, und nachdem fie lefen
gelernt, nun verschiedene Bücher aus den errichteten
Bibliotheken erhalten können.

Der Bericht schließt in nachstehender Weife:

Im Vorstehenden haben wir dem verehrten Publicum
einen Auszug aus den Erfahrungen von 300 Blinden und
deren Lehrern vorgelegt. Diefelben find aus allen Schichten der Gefellschaft gefammelt; es ist uns kein Fall vor-
gekommen, wo fich nicht die Vorzüglichkeit des Systems
fofort herausgestellt hätte. Seit Moons System eingeführt worden, haben danach 1700 Blinde lefen gelernt,
wogegen nach den übrigen Systemen nicht 100 lefen
können. Wie bereits erwähnt, wird danach nur noch in
den Blindenschulen für Kinder unterrichtet, wo man
das alte einmal angeschaffte Material nicht bei Seite legen
mochte. Es besteht keine Anstalt für Erwachsene, in
welcher danach unterrichtet wird, viel weniger eine Gefellschaft, deren Zweck es ist, Blinde in ihren Wohnungen
aufzufuchen und zu unterrichten. Seitdem Moons System
bekannt geworden, haben fich für diefen Zweck bereits
20 Gefellschaften gebildet, die 16 meist felbst erblindete
Lehrer unter den armen Blinden beschäftigen, und die
außerdem die vortrefflichen Leihbibliotheken gegründet
haben. Wie groß das Verlangen nach dem Lefen
unter den Blinden felbst ist, belegt die Tatfache, daß fast
immer fämmtliche Bücher der Bibliotheken ausgeliehen
find. Das Wort des blinden Lefers oder Lehrers ist in
den verschiedenen oft tief gefunkenen Umgebungen der
Blinden von großem Einfluss gewesen und hat die innere
Mission davon manche recht erfreuliche Früchte aufzuweisen.

Außer der ganzen Bibel find Bunyans Pilgerreife,
der erste Teil einer populären Geschichte von England,
verschiedene praktische Abhandlungen und Gedichtfamm-
lungen nach Moons System hergestellt und ist darin gewiss schon ein recht wertvoller Kern einer Bücherfamm-
lung für Blinde aller Stände dargeboten, der durch entsprechende Geldmittel unterstützt jeder Ausdehnung fähig
ist. — —

Ferner heißt es in einem aus Hamburg eingegangenen Schreiben: „Ihr Circular hat uns umfomehr interessirt, als meine Frau schon feit geraumer Zeit
eine warme Anhängerin des Moonschen Lefefystems ist;
fie hat fich, außer an dem gedruckten Alphabet, an me-
tallenen Buchstaben nach der Moonschen Art eingeübt
und konnte bald fließend lefen; fie befitzt dasjenige, was
in England an Bibelauszügen in Moonscher Schrift gedruckt worden ist, und findet daran große Erquickung.
Früher benutzte fie die franzöfische Blindenschrift, fie
fand diefe Art und Weife aber fo schwierig und das
Lefen fo kopfangreifend, daß fie es aufgeben musste.
Moon hat die Aufgabe vollständig gelöst, und wünschen
wir, da wir dies aus eigner Erfahrung dankend anerken-
nen, umfomehr den allerbesten Erfolg.“

Oberconfistorialr. Dr. v. **Mühler**: Ein anderes Schrift-
stück ist von einer Anzahl hiefiger Blinden felbst aufge-
fetzt, dem Pastor Couard übergeben und durch diefen
an uns gelangt. Ich bitte auch diefes zu verlefen.

Hr. **O. Neuhauss** lieft: „Hochgeehrter Herr Prediger! Die große Freude, welche uns durch Überbrin-
gung des Wortes Gottes in der Moonschen Blindenschrift
zuteil geworden, ist in diefen Tagen leider ein wenig
getrübt worden. Bei der am 30. Jan. c. im hiefigen
Domcandidatenstift stattgefundenen ersten Prüfung der
nach diefem System unterrichteten Blinden wurde von
Seiten der Gegner eine heftige Discussion begonnen.
Das Wort Gottes, das für jeden einzelnen die alleinige
Quelle alles Trostes und alles Friedens fein kann, ist für
den Blinden in feiner großen Einfamkeit und Abge-

schlossenheit von allem Verkehr ein doppelter Segen. Es verkürzt ihm nicht nur die dunklen Tage seines Erdenlebens, sondern richtet auch seinen Blick himmelwärts. Die Moonsche Schrift ist in ihrer Einfachheit und leichtfasslichen Weise die•zugänglichste für Blinde und besitzt die allergrößten Vorzüge sowohl vor der bekannten Stuttgarter Methode, als auch vor der Breslauer Stachelschrift. Sie bietet den Blinden jedes Alters Gelegenheit zur schnellen Erlernung dar, was bei den anderen Systemen nicht der Fall ist. Wir wissen, daß es Gottes Werk ist, das uns ferner noch durch ein blindes Werkzeug zugeführt worden ist, und vertrauen fest darauf.

Durch die Oppofition der Gegner scheint uns die sofortige Einführung der Moonschen Schrift in Frage gestellt zu sein. Die unterzeichneten Blinden wenden sich deshalb an Euer Hochwürden mit der vertrauensvollsten und untertänigsten Bitte, mit der sich gewiss noch das herzliche Verlangen vieler unsrer Leidensgefährten verbindet, sich diefer Angelegenheit freundlichst unterziehen zu wollen und bei dem betreffenden Vorstand ihre Rechte allen Einsprüchen gegenüber zu wahren."

Berlin, den 6. Febr. 1861.

Gez. Mirow, Damm, Stroisch, Bauer, Gliese, Classen, Bertha Müller geb. Bauer, Rosalie Ganzert, Rosa Haupt. Minna Lerbeck, Anna Gräfe, Anna Lüdicke's Eltern.

Herr Dr. **Couard** bemerkt dazu:

„Ich erlaube mir die ergebene Bemerkung, daß mehrere Blinde aus meiner Gemeinde, früher meine Confirmanden, deren Namen ich oben verzeichnet finde, mir die mündliche Verficherung gegeben haben, daß ihnen durch das Moonsche System das Lefen außerordentlich erleichtert worden, weshalb ich mich ihrer Bitte gern anschließe, daß die Einführung und Verbreitung diefes Systems möglichst befördert werden möge. Dem eignen Urteil der Blinden muss in diefer Angelegenheit wohl das größte Gewicht beigelegt werden."

Oberconfistorialr. Dr. v. **Mühler:** Es haben sich inzwischen einige Herren mit der Sache beschäftigt; ich möchte Hrn. Dr. Michaelis erfuchen, uns feine Anficht über den Gegenstand auszusprechen.

Dr. Michaelis:*) Einem jeden, der mit den stenographischen Systemen bekannt ist, wird auf den ersten Blick entgegentreten, daß die Grundidee zu der Moon-schen Blindenschrift in der innigsten Übereinstimmung mit der der englischen Stenographie steht. In England find feit dem Jahre 1602, wo John Willis das erste stenographische Alphabet der neuern Zeit aufstellte, bis zur heutigen Zeit fehr viele stenographische Systeme auf-getreten, welche fast alle von dem Grundprincip ausgehen, die einzelnen Laute durch geometrisch möglichst einfache Zeichen zu vertreten, alfo für die complicirteren Buch-staben der lateinischen Schrift einfache geometrische Grundformen, wie die gerade Linie, den Kreis, Kreis-bogen u. s. w. zu fetzen.

In den älteren englischen Systemen findet fich neben der einfachen geraden Linie auch die Verbindung zweier geraden Linien zu einem Winkel, teils dem rechten, teils spitzen, in verschiedenen Lagen für einfache Buchstaben. Dies hat die neuere englische Stenographie aufgegeben, teils weil das Zeichen an fich nicht einfach ist, teils weil der Winkel auch als Verbindung zweier geraden Linien, von denen jede für fich einen Buchstaben ausdrückt, auf-tritt, wodurch Verwechselungen zwischen den einzelnen Buchstaben und den Verbindungen zweier entstehen konn-ten. Für die Blindenschrift, in welcher die Buchstaben nicht in stenographischer Weife verbunden werden, ist dagegen Moon wieder zur Anwendung des Winkels zu-rückgegangen, und fo kann es uns nicht verwundern, daß Moon fast genau auf diefelben Zeichen zurückgekommen ist, welche schon das erste stenographische Alphabet feines Vaterlandes enthielt. Das Alphabet von J. Willis ent-hielt nemlich:

1) die gerade Linie in den 4 Richtungen ╲ │ ╱ — für n, s, p, r,

---

*) Das Nachfolgende enthält einige ausführlichere Zusätze zu dem in der Verfammlung nur kurz angedeuteten.

2) den Kreis für b und ein Oval für q,

3) den Halbkreis in 4 Stellungen ∪ ∩ ⊂ ⊃ für m, b,
   t, l und ( ) für o, w,

4) die 4 rechten Winkel ⌐ ⌐ ⌐ ⌐ für k, d, g, f,

5) die 4 spitzen Winkel ∧ ∨ < > für a, v, e, j,

6) Z = z,

7) eine Schleife in 4 Stellungen ℛ ℧ ∝ ∾ für u, y, i, x.

Wenn wir alfo für Willis' Schleife die an einem Ende
umgebogene gerade Linie Moons substituiren, so ent-
sprechen sieh die Zeichen der Alphabete vollständig.
Dagegen unterscheiden sich die Alphabete beider viel
mehr von einander in der Verteilung der Zeichen auf
das Alphabet, indem Moon sie so verteilte, daß sich die
einzelnen Buchstaben so viel wie möglich án die ent-
sprechenden lateinischen Majuskeln anschließen, was bei
Willis bei einer viel geringern Zahl von Buchstaben der
Fall war.

Es dürfte von Interesse sein, das Moonsche Alphabet
noch in einer andern Weise mit den stenographischen ·
Alphabeten Englands zu vergleichen, indem wir von
jedem Zeichen fragen, wo dasfelbe schon in derfelben
Bedeutung zuerst auftritt? Ich lege dabei die Zusammenstellung stenographischer Alphabete zugrunde, welche
der berühmte Erfinder der englischen Phonographie, Isaac
Pitman, im Phonotypic Journal Vol. 6, 1847 gegeben hat.

Bei J. Willis 1602 finden sich bereits mit derfelben
Bedeutung die Zeichen für A, H, V, Z; bei Edmund
Willis 1608 D, O; bei Dicks 1633 K; bei Metcalf
1645 C; bei Farthing 1654 G, Q; bei Everardt 1658
I, T; bei Mason 1682 J, S; bei Tanner 1712 W; bei
Mac Aulay 1747 U; bei Swane 1761 F; im Alphabet
of Reason 1763 P.

Nicht belegt aus der ältern englischen Stenographie
bleiben alfo noch Moon's B, E, L, M, N, R, X, Y.
Von diefen find L, N unmittelbar aus dem lateinischen
genommen, ebenfo nur mit Verkürzung E, X und auch
wohl R als letzter Zug aus der eckigen runischen Form
des R (übereinstimmend mit Gabelsbergers R). Stärker um-

geformt aus dem lateinischen find M, Y. Endlich bleibt noch B übrig, welches Moon, wie es scheint, nicht aus der lateinischen Majuskel, fondern aus der Minuskel genommen hat · und welches in merkwürdiger Weife mit dem b der deutschen Stenographie fowohl Gabelsbergers als Stolzes übereinstimmt.

Wenn auch manche diefer Übereinstimmungen nur zufällige find, fo zeigt fich doch im ganzen ein gewisser notwendiger innerer Zufammenhang.

Interressant ist es, daß auch die Namen der Männer, welche uns als Freunde und Förderer der Moonschen Schrift in England entgegentreten, wie Taylor, Gurney, uns überall an die Entwicklungsgeschichte der englischen Stenographie erinnern. Welche Rolle die Taylorsche Stenographie gespielt hat und zum Teil noch spielt, ist bekannt. Es fei aber hier noch daran erinnert, daß im Jahre 1751 Thomas Gurney eine Bearbeitung der Masonschen Stenographie schrieb; der Verfasser wurde zum Shorthand writer to the Government ernannt, eine Stelle, welche fich mit feinem Systeme bis auf die neueste Zeit in den Händen von Mitgliedern diefer angefehenen Familie erhalten hat (cf. Phonotypic Journal VI, 313). Wem follte aus diefem allen nicht ein erfreuliches Zeugnis dafür entgegentreten, wie ehrenwerte Bestrebungen auf jedem Gebiete menschlicher Tätigkeit mit ' der Zeit auch auf ursprünglich ferner liegende Bestrebungen fegensreiche Wirkungen auszuüben vermögen!

In dem Bedürfnis, die einfachen Laute durch möglichst einfache und charakteristische Zeichen darzustellen, kommt die Blindenschrift mit der Stenographie offenbar überein, und es hat daher eine tiefe innere Berechtigung, daß man für eine verbesserte Blindenschrift feinen Ausgang von der ihr vorangegangenen Stenographie genommen hat. Gegen eine weitergehende Übertragung des Baues und der Kürzungen der englischen stenographischen Schrift auf die Blindenschrift erklärt fich Moon felbst: „Der Buchstabe S steht in Lucas' Shorthand System, fagt er, für die Worte as, is, us und für

6 verschiedene Wortteile: su per, sup, sub, self, selves, soever. Irrungen im Lefen müssen dabei leichter vorkommen, als wenn alle Wörter und Sylben in ihrer vollen Länge ausgeschrieben find, umfomehr da das Gedächtnis des Lefers mit über 200 Regeln für ähnliche Contractionen belastet ist." Dies führt zugleich auf einen andern Punkt, nemlich auf die Orthographie. Moon hat die volle gewöhnliche englische Orthographie beibehalten, weil die meisten Blinden erst in spätern Lebensjahren erblindet und schon an die gewöhnliche Orthographie gewöhnt find. Daß für die Engländer, bei denen der Laut fast nie zur herschenden Schreibung der Wörter ausreicht, durch eine Vereinfachung der Orthographie auch die Blindenschrift fich auf einen höhern Standpunkt wird bringen lassen, wird wohl einleuchten; wir dürfen in diefer Beziehung mit Zuverficht noch wefentliche Fortschritte von der phonetischen Schule aus erwarten. Für die deutsche Blindenschrift fuchte schon der verstorbene Zeune einige Vereinfachungen der Orthographie anzubahnen. Daß für das fehlerhafte deutsche TH bloß T gefetzt werde, dagegen wird wohl Niemand etwas einwenden; auch würde es für die blinden lefenden eine große Wohltat fein, wenn die unnützen Dehnungszeichen befeitigt würden. Wenn die Blinden im ganzen dem Lefen nicht fehr zugetan find, fo tragen ohne Zweifel nicht bloß die Formen der Zeichen, fondern zum Teil auch die Mängel der Orthographie die Schuld davon.

Was die Formen der Moonschen Buchstaben betrifft, fo ließe fich vielleicht an einzelnen diefes und jenes ausfetzen, fo z. B. würde ich es für eine wefentliche Verbesserung halten, wenn seine Zeichen für E und F miteinander vertauscht würden, fo daß das erste für F und das zweite für E genommen würde; auch weiß ich nicht, warum dadurch, daß P u. Q eckige statt runder Haken haben, die Zahl der erforderlichen Stempel ohne Not vermehrt ist; ferner würde ich die Zeichen für N u. Z lieber abrunden. Abgefehen aber von folchen Einzelnheiten, find

die Zeichen im ganzen zweckmäßig gewählt und wir
müssen uns wohl hüten, durch größere Abänderungen
etwa das Ganze in Schwanken zu bringen.
Dagegen würde es fich allerdings fragen, ob es nicht
zweckmäßig wäre, den Moonfchen Zeichen für die deutsche Sprache noch ein paar Zeichen hinzuzufügen;
ich habe dabei namentlich einfache Zeichen für CH, SCH
und SZ im Sinne. Wenn wir für diefe drei Umschrei-
bungen einfache Zeichen einführten, fo würden dadurch
etwa 5 % an Raum und Kosten für die Bücher der
Blinden erspart werden, was bedeutend genug ist; es
würde aber auch den Blinden das Lefen dadurch erleichtert werden, indem fie da, wo fie jetzt 2, resp. 3 Zeichen
zu tasten haben, durch ein einfaches dasselbe schneller
und ficherer erreichten. Vielleicht würden fich die Zeichen

$\qquad \qquad \qquad \qquad$ ⌐ ᔕ ᶯ

für CH, SCH, SZ am besten in das Moonsche Alphabet
einfügen, doch würde mir jede andere geeignete Form
in diefer Beziehung ebenfo willkommen fein. Daß übrigens die Stuttgarter Schrift durch die Einführung einfacher Zeichen für die angeführten Laute in demfelben
Maße gewinnen würde, verstcht fich von felbst. — Auch
den Engländern würde diefe Bereicherung zu gute kommen können, indem fie die beiden ersten Zeichen für ihr
CH u. SH, das letzte für ihr TH anwenden könnten,
welches ja für das englische eine entsprechende Bedeutung hat wie für uns SZ.
Noch ein Punkt scheint mir einer weiteren Prüfung
zu bedürfen. Es ist als ein Vorzug der Moonschen
Schrift hervorgehoben worden, daß die Zeilen βουστροφηδόν
d. h. abwechselnd nach rechts und links gehen. Ich erkenne an, daß dies infofern ein Vorteil ist, als dadurch
der Übergang von einer Zeile zur andern erleichtert
wird; aber ich glaube, daß es doch auch einige Nachteile hat, indem dabei dem lefenden dasfelbe Wort, je
nachdem es in einer nach rechts oder links gehenden
Zeile vorkommt, in etwas verschiedener Weife entgegen-
tritt, was jedenfalls die Geläufigkeit des Lefens etwas

beeinträchtigt. Auch der gewöhnlichen Schrift hat man
den Vorwurf gemacht, daß die Augen dadurch stark
angegriffen werden, daß fie jedesmal vom Ende einer
Zeile zum Anfang der nächstfolgenden hinüber springen
müssen, was bei fehr langen Zeilen auch in der Tat der
Fall ist, und hat deshalb auch für den lateinischen Druck
den Verfuch gemacht, die Zeilen, wie auf alten griechi-
schen Inschriften, βουστροφηδόν zu ordnen. Dies hat fich
jedoch in keiner Weife bewährt. Ich würde daher in
diefer Beziehung noch um weitere Prüfung bitten.

Übrigens glaube ich daß die Moonsche Schrift fich
nicht bloß zum Lefen für die Blinden eignet, fondern
daß fie ebenfo dazu geeignet ist, auch dem Schreiben
der Blinden mit großem Vorteile zugrunde gelegt zu
werden. Mit Hilfe eines geeignet abgeteilten Papieres
oder 'noch bequemer mit Hilfe der chablonenartig durch-
schnittenen Blechtafeln, wie fie die neuere Technik in großer
Vollkommenheit herzustellen vermag, würde fich, glaube
ich, das Schreiben der Blinden fo erleichtern und verein-
fachen lassen, daß dann erst die volle Tragweite und der
ganze Segen des wohldurchdachten·Systems hervortreten
würde.

Da es fich hier nur um das Lefen der Blinden
handelt, fo darf ich auf das Schreiben nicht weiter ein-
gehen; ich will hier nur noch kurz bemerken, daß dasfelbe entweder mit einem färbenden Stifte oder, um auch
dem Blinden lesbar zu fein, mittels eines gut abgerunde-
ten Stahlgriffels auf Papier mit einer elastischen Unter-
lage geschehen kann, wie dies in „Hebold's Schreibschule für Berlin, Berlin bei W. Schultze 1859" auseinander gefetzt ist. Ich glaube jedoch, daß, man mag nun
die römischen oder die Moonschen oder irgend welche
andern Buchstaben annehmen wollen, man stets gut tun
wird, alle Zeilen von rechts nach links zu schreiben, ohne
irgend eine Veränderung in der Lage der Buchstaben.
Die durch den Griffel eingegrabene Schrift wird dann
von den Sehenden als eine vertiefte von oben gelefen
werden können, während der Blinde fie von unten als

eine erhabene betastet. Dadurch würde, wie mir scheint, selbst wenn man die Stuttgarter Schrift beibehält, der Schreibunterricht noch etwas einfacher werden, als er nach der Heboldschen Methode wird, wo man immerwährend eine Umlegung von Buchstaben vornehmen muss. Auch hier scheint die einfachste und natürlichste Methode die beste zu sein.

Zugleich mag hier noch eine kurze Bemerkung über die Bezeichnung der Zahlen folgen. Die von Moon aufgestellten Ziffern stelle ich in folgende die Auffassung erleichternde Überficht zusammen:

Man sieht in dieser Zusammenstellung sogleich, daß die Zeichen für 1 und 0 aus dem Alphabete genommen sind, während die 8 Zahlen von 2 bis 9 von den Buchstaben verschiedene Zeichen erhalten haben: die schräge am Ende umgebogene gerade Linie, und zwar so gewählt, daß sie in einer bestimmten Beziehung zu den 8 Octanten des Kreises steht; es ist dabei nur nicht einzusehen, warum Moon beim Übergange von 5 zu 6 nicht einfach im Kreise weiter herumgegangen, sondern nach dem entgegengesetzten Octanten hinübergesprungen ist. Es ist mir dabei wiederum eine eigentümliche Erscheinung, daß dies ein ganz ähnlicher Sprung ist wie der, welchen Isaac Pitman in seiner phonetischen Vocalscale gemacht hat, worüber ich mich bei anderer Gelegenheit schon ausgesprochen habe. Systematischer würde sich der Zahlenstern gestalten, wenn die Ordnung 9, 8, 7, 6 in 6, 7, 8, 9 umgekehrt würde, indem dann die Zahlen von 2 bis 9 im Kreise herumliefen. Auf derselben Grundidee beruht auch die Bezeichnung der Zahlen von 2—9 in „Dr. W. Lachmann's Blindentafel, Braunschweig 1841."

Man könnte aber auch, ähnlich wie in Stolzes Stenographie, befondere Zeichen für die Zahlen ganz entberen,
indem man fie durch Buchstaben vertreten ließe, und zwar
am besten durch diejenigen, deren Formen mit denen der in-
dischen (vulgo arabischen) Ziffern die meiste Ähnlichkeit
haben, oder Teilzüge derfelben find, etwa

1	2	3	4	5	6	7	8	9	0
I	٦	ﮐ	L	ﮔ	ﮑ	٦	U	J	O

Wo es nötig fein follte, Zahlen von Buchstaben befonders zu unterscheiden, könnte dies leicht durch irgend
einen vorgefetzten Index, etwa ·· , geschehen.

Die Befürchtung, welche in der ersten Verfammlung
hier laut geworden ist, daß die Herstellung der Typen
für die neue Schrift zu kostbar fein würde, scheint in
keiner Hinficht begründet zu fein. Die Anschläge, welche
darüber von Sachverständigen gemacht find, geben in
keiner Weife zu Beforgnissen Anlass. Es gestaltet fich
hier, jedem andern Schriftfysteme gegenüber, dadurch
alles fo einfach und zweckmäßig, daß die Typen einen
quadratischen Querschnitt haben und daher 4 verschiedene
Stellungen im Satze gestatten, fo daß diefelbe Type bis
zu 4 verschiedenen Buchstaben dienen kann, was diefer
Schrift in vieler Beziehung einen großen Vorzug vor
allen bisher üblichen Typenfystemen gibt.

Im ganzen kann ich das Moonsche System nur als
einen durchaus gerechtfertigten und notwendigen Fort-
schritt begrüßen, und glaube daß die weitere Verbreitung
desfelben unter die Blinden diefen die reichsten Früchte
bringen werde. Ich mache noch auf das Urteil eines
erblindeten Arztes, Dr. Bull in London, aufmerkfam,
welcher die verschiedenen Systeme erhöhter Buchstaben
geprüft und auch viele Blinde unterrichtet hat. Dr. Bull
erklärt das Moonsche System für das beste unter allen
bisher bekannt gewordenen: „es entspricht, fagt er, den
Bedürfnissen der Blinden, was von keinem andern gefagt werden kann, es ist leicht gelehrt und gelernt und
kann immer wieder leicht gelefen werden." — Das System
ist feiner ganzen Anlage nach fo leicht zu behalten, daß

jeder Sehende, welcher die gewöhnliche Schrift lesen kann, es in höchstens einer Stunde inne haben kann. Die zur Umgebung eines Blinden gehörigen, selbst Kinder, werden leicht dahin gebracht werden können, daß es ihnen eine besondere Freude gewährt, die Blinden darin zu unterweisen. So gewährt das System das beste Hilfsmittel dazu, daß blinde Kinder mit den sehenden zusammen in Klassen unterrichtet werden können, was nach dem Ausspruche von Blindenlehrern (z. B. Dr. Lachmann) bisher überall sehr große Schwierigkeiten bot. Bis zu welcher Fertigkeit es Blinde im Lesen nach dem Systeme bringen können, davon können wir natürlich hier noch keine Anschauung gewonnen haben, da die hier versammelten Blinden ja eben nur Anfänger im Lesen nach diesem System sind. Moon berichtet, daß ein junges vor einigen Jahren verstorbenes Mädchen, Harriet Polard, welche 4 Jahr alt zu ihm in Unterricht gekommen war, in einem Buche, in welches sie sich eingelesen hatte, in der Stunde durchschnittlich 30000 Buchstaben las, und 20000, wenn ihr der Gegenstand ein ganz neuer war.

Dr. Pappenheim: Ich möchte noch fragen, ob bei der Moonschen Schrift die Buchstaben in den nach links gehenden Zeilen eine nach der entgegengesetzten Seite gehende Stellung erhalten, wie in den nach rechts gehenden, oder nicht?

Dr. Michaelis: Beide Wege sind möglich und jeder hat seine eigentümlichen Vorzüge und Nachteile. Moon hat es vorgezogen, den Buchstaben nicht eine entgegengesetzte Stellung zu geben, sondern sie überall in derselben Stellung zu lassen, welche sie bei ihrer ursprünglichen Aufstellung erhalten haben. (Vergleiche darüber den Nachtrag.)

Oberconsistorialr. Dr. v. Mühler: Ich will zu dem Gehörten noch bemerken, daß Herr Prof. Lepsius gegen mich die Ansicht ausgesprochen hat, daß es auch erwünscht sein würde, für die Diphthongen der deutschen Sprache a u, ei, eu ... noch besondere Zeichen in Anwendung zu bringen.

.... i Pred. Asmis: Unfere Discussion betrifft die Einführung einer neuern Lefelehrmethode, welche von dem Engländer Moon bald nach feiner 1839 erfolgten Erblindung erfunden worden ist. Zunächst eine historische Bemerkung, an welche fich einige Worte über den Wert des Systems und feine event. allgemeine Einführung mit einer comparativen Zufammenstellung gegen die bisherige Stuttgarter Methode anschließen mögen.

Die orsten Blindenanstalten gab es in Frankreich und England schon am Ende des vorigen Jahrhunderts; die Berliner Anstalt datirt aus dem Jahre 1806. In allen diefen Anstalten hat man bisher zum Teil die umständlichsten Apparate und Drucke angewandt um die Blinden lefen zu lehren. Die Buchstaben des Moonschen Alphabets erscheinen, wie wir gehört haben, großenteils als aus altenglischen, stenographischen Schriften feit 1602 entlehnt.

Der Wert nun des neuen Systems ist vornehmlich daraus erkennbar, daß es fast durchgängig die geometrischen Grundformen der geraden Linie, des Kreifes, des Quadrats, des Winkels von etwa 45° und, einer dreilinigen Figur von 2 Parallelen mit einer durchschneidenden darstellt. Principiellere Normen als diefe der ganzen angewandten Mathematik zum grunde liegenden gibt es ja' nicht. Die Moonschen Buchstaben verzichten auf die Eigenschaft der Schönheit, haben fie doch nur Wert und Zweck für den Blinden. Wenngleich der Blinde auf Genuss und Wahrnehmung des Schönen keineswegs verzicht leistet, fofern die Idee des Schönen fich in Wort und Ton darstellt und fich als Poefie und Mufik verkörpert, fo hat doch die Darstellung des Schönen in Schriftzeichen, die fich als Hochdruck producirt, in der Tat für uns Blinde keinen erkennbaren Gewinn.

Demnach ist das Moonsche Alphabet erstaunlich einfach. Die einfachsten Buchstaben aber find den Blinden die liebsten, und zwar deshalb, weil fie am leichtesten taftbar find. Wenn aber diefer Umstand erfahrungsmäßige Tatfache ist, welche die gewiss zunächst com-

peteaten Blinden überall conftatiren, fo liegt hier gewiss
ein bedoutfames Bedürfnis vor, dem die pädagogifche
Behandlung der Blinden fich nicht entziehen darf.
Das Stuttgarter Alphabet nun, bekanntlich die großen
lateinifchen Buchstaben in doppelter Höhe, ist bei weitem
nicht erhaben genug gedruckt und verliert deshalb an
Wahrnehmbarkeit auf die Länge. Befonders aber ist es
deshalb ungeeignet für den Blinden, weil, während das
Moonsche Alphabet fich auf 7 Grundformen reduciren
läsat, darin nicht weniger als 25 gründlich von einander
verfchieden construirte Buchstabenbilder dem Gedücht-
nisse zugemutet werden. Während alfo das alte System
fich auszeichnet durch die Überfülle des Formenmaterials,
durch den zu großen Umfang der einzelnen Buchstaben
und die daraus refultirende Schwierigkeit der Fixirung
der Vorstellung, fo kommen die Buchstaben des einfachen
neuen Systems der Vorstellungsfähigkeit des Blinden auf
halbem Wege entgegen und find deshalb feinem Gedächtnis eine notwendige, nicht bloß nützliche und an-
genehme Hilfe und Stütze für das Gedächtnis und Verständnis dessen, der eben als nicht vollfinnig befonderer
Hilfe bedarf.
Die dargelegten Mängel und Schwierigkeiten des
alten Systems find bisher factisch nicht widerlegt worden durch die Vorteidiger desfelben, und es kann und
wird niemand, der Gründe für das alte System beige-
bracht fehen will, dadurch befriedigt werden, daß auf
die Tüchtigkeit und Umficht des Lehrers oder auf den
genügend erhabenen und expressiven Hochdruck (der
eben noch fehlt im alten System) oder gar auf die Notwendigkeit hingewiefen wird, daß die 25 Buchstaben der
Reihe nach einzeln in fystematischer Folge den Blinden darzubieten feien. Das alles trifft eben die Sache nicht und
ist kein Beweis.
Schließlich die Bemerkung, daß unfre Nation gewiss
keine Klage erheben würde, wenn mit der Einführung des
Moonschen Alphabets das große lateinische Alphabet aus
den Blindeninstituten schwinden follte, denn unfer deutsches
3*

Volk verliert ja nicht die Schriftzeichen feiner Mutter-
sprache, es verliert nichts an feinen Schätzen und
Gütern.

Provinzialschulr. **Bormann:** Ich kann dem, was über
die Vorzüge des Moonschen Systems gefagt ist, nicht
beipflichten.

Es ist zunächst gefagt, das System fei ein einfacheres,
man hat darauf hingewiefen, daß es nur 7 Zeichen
habe. Das ist nicht richtig, das ist eine Täuschung, das
Moonsche System hat gerade fo viel Zeichen wie das
Stuttgarter und jedes andere, nur kommen diefelben
Zeichen in verschiedenen Stellungen vor und werden von
Moon für je eins gezählt.

Es handelt fich dann um die Behauptung, daß diefe
Zeichen leichter zu lefen feien, als die Zeichen unfrer
Buchstaben. Auch das ist nicht richtig. Gestatten Sie
mir, daß ich in schulmeisterlicher Weife, wie ich es ge-
wohnt bin, die Sache auffasse. Lefen heißt unterscheiden; wenn man jemand lefen lehrt, fo heißt das: man
lehrt ihn die Buchstabenformen unterscheiden*). Nun ist es
ein logischer Satz, dessen Bestreitung ich erwarte, daß zwei
Gegenstände um fo leichter unterschieden werden können,
je größer die Anzahl ihrer differenten Merkmale ist. Die
Moonsche Schrift fetzt an die Stelle von Buchstaben, die
fich durch mehrere Merkmale unterscheiden, folche, die
fich zum Teil nur durch die verschiedene Wendung nach
oben oder unten, rechts oder links unterscheiden. Diefe
Unterscheidungen find nicht fo leicht aufzufassen. Es
dauert lange ehe man fich z. B. den Unterschied des
abnehmenden und zunehmenden Mondes merkt, und erst
wenn man fich diefen indirect dadurch merkt, daß man

---

*) Die Grundbedeutung des Wortes lefen, sowie die des lat.
legere ist sammeln; im Angelsächsischen und Gotischen hat lifan
nur die Bedeutung des Sammelns. Der Engländer dagegen nennt
das Lefen nicht ein Sammeln, sondern ein Raten (to read, angel-
sächs. rædan); bei den Mängeln der englischen Orthographie wird
allerdings das geschriebene Wort dem Anfänger im Lefen oft geung
zu einem Rätsel.

fich z. B. in dem einen Falle ein A, in dem andern ein
Z dabei denkt, wird man darin ficher. Es ist nicht
schwer eine Katze von einem Kirchturm zu unterscheiden, weil die Merkmale beider different genug find,
schwerer aber ist es schon eine Katze von einem Hunde
zu unterscheiden, und gewaltig schwer eine Katze von
einem Kater zu unterscheiden. Auf dem Gebiete der
Pflanzenkunde ist es leicht eine Eiche von einer Fichte
zu unterscheiden, aber schwer wiederum, den Unterschied
einer Fichte von einer Tanne oder einer Kiefer genau
zu präcifiren. Das Erlernen des Moonschen Systems ist
daher nach einfachen logischen Sätzen nicht fo leicht
wie das der gewöhnlichen Schrift.

Pred. Asmis: Ich muss dem Herrn Provinzialschulr.
Bormann, fo ungern ich es auch tue, doch etwas erwi-
dern. Allerdings ist die Zahl der Zeichen im Moonschen
System eben fo groß, und muss es fein, wie bei der Stuttgarter Schrift; das hat aber auch niemand geleugnet,
wohl aber ist mit Recht behauptet worden, daß die Zahl
der Grundformen, auf die das Alphabet zurückzuführ-
ren ist, eine fo kleine fei und das wird wohl niemand be-
streiten können.

Was dann die Leichtigkeit der Auffassung und Unterscheidung betrifft, fo kommt es nur darauf an, daß
die Buchstaben fich durch möglichst einfache und
charakteristische Merkmale unterscheiden und das ist bei
den Moonschen der Fall, denn jedes Kind, auch das
blinde, weiß, was oben und unten, was rechts und was
links ist.

Gen.-Sup. Dr. Hoffmann: Auf die Bemerkungen
des Herrn Provinzialschulr. Bormann will ich nur ein ein-
ziges Wort der Erfahrung fagen. Herr Asmis hat schon
gefagt, daß es fich hier um die beherschenden Haupt-
formen des Alphabetes handelt, und die find, behaupte
ich, trotz Eiche und Tanne, Kater und Kirchturm, außerordentlich leicht zu lernen. Wir haben es gefehen:
die Blinden haben fie gelernt. Ich felbst habe acht verschiedene Alphabete zur Geläufigkeit lefen gelernt: ich

will hier nicht die allgemein bekannten Alphabete, wie
das griechische und lateinische, heranziehen, welche wir
schon in früher Jugend lernen, sondern nur die andern
Schreibarten, wie fanskrit, fyrisch u. f. w. welche ich
später als Jüngling und Mann gelernt habe. Das kann
ich verfichern, daß mir von allen Schreibarten, welche
ich je gelernt habe, keine fo leicht geworden ist, wie die
Mborsche Schrift.

Dir. Merget: Ich möchte mir erlauben, darauf aufmerkfam zu machen, daß wenn es fich um ein bedeutendes Unternehmen handelt, um einen bedeutenden Kosten-
aufwand, um die Blinden leichter lesen zu lassen als es
bis jetzt geschehen ist, man bedenken möge, daß das
Lefen überhaupt kein großes Bildungsmittel für die
Blinden ist, sondern nur ein geringer Notbehelf und, fofern Vermögen vorhanden ist, vielleicht eine inter-
essante Unterhaltung. Ich kann hier wohl mitsprechen
weil ich felbst feit 8 Jahren nicht mehr lesen und auch
nur mit großer Mühe schreiben kann, — ich habe (aber
Gott fei Dank) feit den 8 Jahren meinen Vorgesetzten
noch keinen Grund zur Unzufriedenheit (in Betreff der
Ausübung meines Amtes gegeben: wie ich auch einen Neffen
habe, der im fiebenten Jahre erblindet, jetzt 18 Jahr
alt ist und durch die Seminarschule und das Gymnafium
bis zur Secunda gekommen ist; wie ich ferner einen
blinden Freund habe, den Prof. Ad. Schottmüller, welcher
bedeutendes auf dem Gebiete der Geschichte, der Literatur u. f. w. leistet. Alle diefe haben nie mit den Fingern
gelefen, fondern aufgenommen durch das Ohr, welches
Gott ihnen offen gelassen hat, um aufzunehmen, was
Gott ihnen verkündigt hat und Kunst und Wissenschaft
ihnen dargeboten haben.

Das heilige Evangelium ist auch nicht zuerst geschrieben, fondern mündlich verbreitet. Wenn die Herren,
welche jetzt umhergehen um die Blinden nach einer neuen
Schrift lefen zu lehren, statt dessen umhergingen und
brächten ihnen Gottes Wort an der einfachen Mitteilung
von Mund zu Ohr und wiederholten das mit christlicher

Geduld fo oft, wie fie es lefen laſſen, fo würden die
Blinden einen Schatz bekommen, welcher fie der Mühe
enthöbe, mit den Fingern zu lefen. Die ganze Literatur,
welche auf diefe Weife darstellbar iſt, Gottes Wort, Ge-
fangbuch u. f. w., kann dem Gedächtnis mündlich über-
liefert und eingelernt werden, und die Blinden, indem fie
fich das wiederholen, haben denfelben Trost, diefelbe
Erbauung, welche fie durch das Lefen mit den Fingerspitzen haben.

Wenn nun aber einmal das Lefen vorhanden ist, fo
mag es in Zukunft auch weiter geübt werden als ein in-
tereſſantes Kunststück. In der Blindenanstalt, wo Knaben
und Mädchen unterrichtet werden, haben diefe viel ge-
wandter gelefen, als wir es hier gehört haben. Unfere
Buchstaben find wohlbegründete Formen, fie beruhen
auf Tradition, und man kann fie nicht fo ohne weiteres
mit folcher Hexenschrift vertauschen. Die Stenographie
ist gewiss eine fehr nützliche und gute Kunst, fie ist die
Eifenbahn des Gedankens, aber für das Schreiben der Blinden werden wir von ihren Zeichen wohl keine Anwendung machen können.

Lehrer Bernhard: Ich will nur bemerken, daß
die Blinden doch fehr viele einfame Stunden haben, wo
fich niemand um fie kümmert, und wo das Lefen ihnen
den einzigen Erfatz bieten kann.

Oberconsistorialr. Dr. v. Mühler: In Bezug auf
das, was der Herr Provinzialschulr. Bonmann geäuſſert
hat, will ich nur bemerken, daß die Schwierigkeit allerdings bei jedem Alphabete stattfindet, daß man fich fo
viele Zeichen merken muss, als das Alphabet verschiedene
Buchstaben enthält, aber der Vorzug des Moonschen
Systems liegt eben darin, daß die Unterscheidung der
Zeichen wefentlich erleichtert ist. Der Blinde hat hier
mit einem Griffe gleich das ganze Zeichen in feiner Ge-
walt; was bei den complicirteren Buchstaben der Stuttgarter Schrift bei weitem nicht in gleichem Grade der
Fall ist, wo unter andern B und R, C und G fehr schwer
zu unterscheiden find.

Herr Dir. Merget hat die Frage angeregt, in wie
weit das Lefen überhaupt den Blinden zu empfehlen fei.
Ich bezweifle nicht, daß das Hören ein unendlich wich-
tigerer Weg zur Aufnahme von Kenntnissen und zur
Erbauung fei als das Lefen durch die Finger. Sollte
denn aber dies fo ganz bedeutungslos fein und zurück-
geftellt werden müssen? Die angeführten Beispiele be-
treffen Männer, welche bereits auf einer entwickelten
Bildungsstufe gestanden haben als fie erblindeten, und
der Neffe des Herrn Dir. Merget ist durch fortwährenden
Umgang in der Familie und in einer höheren Lehranstalt in einem höheren Grade in den Stand gefetzt geistige
Eindrücke durch das Ohr aufzunehmen als diejenigen
Blinden, welche in der Einfamkeit fitzen. Es ist gewiss
nicht zu bezweifeln, daß den Blinden durch das Gehör
schneller und besser Eindrücke gegeben werden können
als durch das Lefen, aber wie oft fehlt ihnen dazu die
Gelegenheit, wie viele einfame Stunden haben nicht gar
viele Blinde? Fragen wir uns ferner felbst: ist es
uns nicht oft ein neuer und anregender Genuss, wenn
wir uns die Dinge, welche wir durch das Gedächtnis aufgenommen haben, mit Hilfe der Schrift noch einmal vor die Seele führen können? Es entsteht da oft ein
Eindruck, welcher durch nichts andres erfetzt werden kann.

Was nun die Frage betrifft, welche Schrift den
Blinden am leichtesten gemacht werden kann, fo ist schon
bemerkt, daß wir doch den Ausfprüchen der Blinden felbst
am meisten vertrauen müssen. Wir haben wiederholt
gehört, daß fie das bisherige System für zu schwer für
die meisten unter ihnen halten, daß diefes gewöhnlich
nur als Bildungsmittel in den Anstalten benutzt wird für
das Schreiben. In diefer Beziehung, glaube ich, wird
das System immer feine Bedeutung haben. Aber, wenn
wir auch voraussetzen, daß man in den Blindenanstalten
fowohl für das Lefen wie für das Schreiben die Stuttgarter Schrift beibehalten müsse, fo schließt das nicht
aus, daß nicht den außerhalb jener Anstalten lebenden
Blinden, welche die Stuttgarter Schrift nicht gelernt haben,

eine leichter erlernbare und leichter fühlbare Schrift geboten werden folle. Wir haben allerdings feit einer Reihe von Jahren: in den meisten Provinzen Blindenanstalten, in denen das Lefen getrieben wird, aber die Erfahrung hat gezeigt, daß es für die aus den Anstalten getretenen Blinden nur in den feltensten Fällen eine fortgefetzte Beschäftigung geblieben ist.

Wenn nun in England schon eine nicht ganz unbedeutende Literatur in folcher Schrift hergestellt ist; fo muss doch wohl ein Bedürfnis dafür existiren, man muss doch die Erfahrung gemacht haben, daß die hergestellten Bücher auch Eingang gefunden haben, und es liegt für uns die Aufgabe vor, die Wege, welche in England mit Erfolg eingeschlagen find, nicht außer Acht zu lassen, die Mittel und Wege zu eröffnen, um mit Hilfe des neuen Systems des Blindenlefens noch in einem weiteren Kreife fegensreich wirken zu können, als dies bisher möglich gewefen ist.

Das ist, glaube ich, der Gefichtspunkt, welcher nicht fo fehr im Widerspruche steht mit dem, was wir von anderer Seite her gehört haben, fondern nach welchem fich vielmehr die Bestrebungen für das neue System als eine Ergänzung anschließen werden an das, was wir bereits haben. Ich lenke damit auf dasjenige zurück, was ich bereits bei der Eröffnung der heutigen Verfammlung gefagt habe.

Gen.-Sup. Dr. Hoffmann: Ich will nur noch hinzufügen, daß das Moonsche System nicht bloß in England zur Anwendung gekommen ist, fondern auch in Holland und daß da bereits Anstalten zu eigenem Drucke von Schriften mit den Moonschen Buchstaben gemacht find, daß, ferner, fe viel ich höre, in Hannover das System als das zweckmäßigste erkannt und auch der Anfang zu einer Einführung in die öffentlichen Blindenanstalten gemacht ist. Wir haben alfo schon Anknüpfungspunkte auf deutschem Boden: ein Beweis, daß das System doch nicht bloß ein ausschließlich englisches ist. Was das Schreiben betrifft, fo habe ich die in diefer

Beziehung gemachte Einwendung, felbst bereits in meinem
erften Vortrage hervorgehoben.
.. Lehrer am k. Blindeninstitut Reesner: Ich muss
offen bekennen, daß die Moonsche Schrift auf den erften
Anblick große Erwartungen in Betreff ihrer Leistungs-
fähigkeit in mir erweckt hat; und wenn jemand schnell
nach derfelben gegriffen hat, um ihren Werf kennen zu
lernen, fo bin ich es gewefen. Ist es doch die Aufgabe
des Blindenlehrers, feinen Zöglingen, den Blinden, alles
auf dem möglichst einfachen und leichteften Wege zu-
zuführen! — Mit großen Erwartungen habe ich mich vor
8 Tagen zu der hier abgehaltenen Leseprobe eingefunden;
ich felbst hatte mir vorgestellt, daß das Lefenlernen nach
den Moonschen Zeichen weit leichter fein müsse, als ich
nun heute der Meinung bin. — Wie leicht oder schwer
es ist eine Schrift mit Blinden einzuüben, kann nur dann
erst feftgestellt werden, wenn man diefe Arbeit mit ihnen
getrieben hat. Über Leichtigkeit oder Schwierigkeit in
der Einübung der Moonschen Schrift kann ich darum aus
Erfahrung nicht reden; aber ich habe feit Jahren Blinde
im Lefen nach dem Stuttgarter System unterrichtet und
kann aus meiner Erfahrung die Mitteilung machen, daß
die Zöglinge, welche ohne jegliche Vorbildung in die Anstalt aufgenommen wurden, durchschnittlich nach ¼ jähr-
lichem Unterricht alle fo lafen, wie hier nur ein Lefer
nach dem Moonschen System aufgetreten ist; ja, fie würden
noch früher lefen lernen, wenn es darauf abgefehen und
angelegt würde, denn weder das Lefenlehren, noch das
Lefenlernen hat die großen Schwierigkeiten, die mancher
voraussetzt.
    Ich unterrichte in wöchentlich 4 Stunden 12 bis
16 Schüler gleichzeitig. Da ich mich aber, wenn der
Unterricht erfprießlich fein foll, mit jedem Kinde einzeln
beschäfügen muss, fo kommen auf jeden Lefer ftündlich
nur 4+5 Minuten, wöchentlich alfo ca. 20 Minuten. Nach
Verlauf eines Vierteljahres lefen die Zöglinge dann zwar
langfam, noch nicht fließend, aber deutlich und ficher —
ausgenommen einzelne, die das Lefen fehr schwer, viel-

leicht] gar nicht erlernen, und das aus leicht nachzuweifenden Gründen.

Die hier abgehaltene Leseprobe hat für mich den Vergleich des Moonschen mit dem Stuttgarter System gezogen; ich kann und darf mich für die Moonschen Zeichen nicht entscheiden, bevor nicht erhebliche Vorteile derfelben nachgewiefen find.

Wenn vorhin gefagt wurde, die Stuttgarter Schrift bereite fo viele Schwierigkeiten durch die Ähnlichkeit der Lefezeichen, es wäre eine Quälerei, alle diefe Zeichen gedaln einzuüben, es müsste beim Lefen immer jeder einzelne Buchstabe ganz umfahren werden, während man bei Moon fogleich das ganze Zeichen herauserkenne, fo muss ich darauf antworten: Es wäre ja traurig — und ein schlechtes Zeugnis für den Lehrer — wenn diefe Schwierigkeiten, namentlich die angeführten, den Kindern nicht aus dem Wege geräumt werden könnten. Denken wir an den Lehrer fehender Kinder. Er geht streng methodisch von einem Buchstaben zum andern, z. B. von dem i zum n, u, e; von dem o zum a, q, g etc. Nur auf folchem Wege lernen die Kinder! ficher und leicht lefen und fchreiben. — Der Lehrer der Blinden verfährt ganz in derfelben Weife; eine befondere Methode für den Lefeunterricht bei Blinden ist alfo nicht zu erfinden. — Was der Schende mit feinen Augen ficht, fühlt der Blinde mit feinen Fingerspitzen, und die Aufgabe des Lehrers ist es, dafür Sorge zu tragen, daß das richtige Bild von dem gefehenen oder betasteten hin die Seele aufgenommen wird. — Des Blinden Sehfinn ist fein Tastfinn, darum fieht er innerlich, geistig auch wie der Sehende; — er schaut. — Darum aber hat der lefende Blinde auch nicht nötig, fernen und immer jeden Buchstaben in feiner Form zu umfahren; tut er es dennoch, fo liegt irgend ein Mangel an geistiger oder körperlicher Befähigung des Schülers vor, oder das Unterrichtsverfahren trägt einen Teil der Schuld, oder der blinde Schüler ist überhaupt mit dem Vermögen zum Lefenlernen nicht begabt, und in folchem Falle stehe man vom Lefeunterricht gänzlich ab.

Führe ich dem blinden Kinde den Buchstaben I vor,
dessen Zeichen ein fenkrechter Strich ist, fo hat das Kind
nicht bloß diefen Strich zu betasten; es muss fofort be-
lehrt werden über den Begriff: fenkrecht. An denfelben
schließen fich in den ersten Lefestunden die Begriffe:
wagerecht, schräg, oben, unten, rechts, links etc., alle
diefe Begriffe aber müssen forgfältigst entwickelt und
ficher angeeignet werden, und ein längeres Verweilen bei
denfelben ist für den Lefeunterricht bei Blinden nur ein
Gewinn. Auf das I folgt das L, dann das F, das E etc.
Erst wenn das Kind das Zeichen des Lautes frei und bestimmt beschreiben kann, kann es weiter geführt werden.

In Betreff der fich ähnlich fehenden und für das
Gefühl des Blinden fich ähnlich darstellenden Zeichen
finden allerdings Schwierigkeiten statt, aber wo stoßen
wir im Unterricht nicht auf Schwierigkeiten! — Das ist
ja unfre größte Freude, folche Schwierigkeiten zu befiegen.
Es ist wahr, daß H und N verwechselt werden, aber eben
nur fo lange, als der Begriff des „wagerecht" und des
„schräg" noch nicht vollkommen gefasst ist.

Was nun die Stellung betrifft, die das Lefen und
der Lefeunterricht der Blinden überhaupt einnimmt, fo
muss ich im allgemeinen dem beipflichten, was Herr
Director Merget darüber gefagt hat; ich felber halte das
Lefen für Blinde außerhalb der Anstalt nicht für fo be-
deutungsvoll und notwendig, wie es hier in der Verfammlung ausgesprochen worden ist.

Wie es aber kommt, daß viele erwachsene Blinde
nicht mehr lefen, andere wieder nicht mehr lefen können,
darüber noch eine Bemerkung aus der Erfahrung. Der
in einer Anstalt gebildete Blinde nimmt, wenn er aus der
Anstalt scheidet, vielleicht nur ein Buch mit, was ihm
geschenkt worden ist oder was er fich gekauft hat; ist er
unbemittelt, fo steht ihm nicht viel mehr zu Gebote. Er
lieft fein Buch wiederholt durch und ist endlich mit dem
Inhalt desfelben fo vertraut, daß er ihn fast auswendig
weiß. Vernachlässigt er nun das Lefen, — und dazu
kommt er auf diefe Weife leicht — fo vernachlässigt er

damit eben auch den mühfam gebildeten Taftfinn, das Gefühl ftumpft fich mehr und mehr ab, und zuletzt ift er nicht mehr im Stande zu lefen. Andere Blinde haben vielleicht das Lefen überhaupt nicht fo erlernt, wie man es fürs Leben lernen muss. Ein oder der andere Grund aber, fo glaube ich bestimmt, liegt vor bei allen denen, die da behaupten, die Stuttgarter Schrift, die fie einst erlernt, nicht mehr lefen zu können. „Fließend lefen" lernen überhaupt wol felten alle Zöglinge einer Anstalt, unter ungünftigen Bedingungen auch wol mitunter nur die Hälfte.

Es besteht hier in Berlin auch eine Privat-Blinden-anstalt für Erwachsene, an der ich auch unterrichte. Ich habe Gelegenheit genommen, Wünsche und Anfichten in Betreff des Lefens feltens diefer Blinden kennen zu lernen und muss einerfeits mit Bedauern mitteilen, daß ich wenig Neigung zum Lefenlernen bei ihnen gefunden, nicht etwa, als wäre ihnen die Schrift zu schwierig gewefen, fondern weil fie fich keinen erheblichen Vorteil von dem Lefen verfprachen und Mühe und Zeit viel lieber auf das Er-lernen des Schreibens verwenden mochten, und das kann ich andererfeits ihnen nicht verargen. Muss doch der erwachsene, in keiner Anstalt gebildete Blinde oft große Mühe auf das Lefenlernen verwenden! Denn der Taft-finn ift wenig oder gar nicht gebildet, das Gefühl durch harte Arbeit abgestumpft; das noch vorhandene Gefühl aber zu wecken und für den Dienst des Lefens zu bilden, dazu fehlt es dem Blinden oft an Ausdauer. Die Ein-zelnen aber, die aus Freude am Lefen die Mühe nicht gescheut haben, haben es auch nach der Stuttgarter Schrift erlernt und genügende Fortschritte gemacht. Leider haben viele die Anstalt wieder verlassen müssen, noch ehe fie mit dem Lefenlernen am Ziele waren. Sie find geschieden mit dem Wunsch und Willen der Fortfetzung des Lefens; doch ift dies gewiss nicht immer möglich. Diejenigen Erwachsenen jedoch, die das Lefen früher in einer An-stalt erlernt haben, fetzen es dort fort und verlernen es darum auch nicht.

So wenig wir nun in einer Blindenanstalt das Lesen entbehren können, eben so wenig und noch weniger das Schreiben, welches von den Freunden der Moon'schen Zeichen oft als ganz entberlich erachtet wird. Ja, das Schreiben hat für den Blinden einen noch größeren Wert, als das Lesen; und es macht ihm große Freude schreiben zu lernen, um so mehr als das Schreiben, durch das Lesen vorbereitet, sehr einfach und leicht zu erlernen ist.

Wie wir aber für das Schreiben die Stuttgarter Schrift beibehalten, so können wir von selbiger Schrift auch für das Lesen uns nicht losfagen, haben bis jetzt auch keinen Grund dazu, da nach meiner Udberzeugung keine andere Schrift allen unferen Anforderungen so entspricht, wie eben die Stuttgarter. (   )

Gen.-Sup. Dr. Hoffmann: Ich bin dem Vortrage des letzten Herrn Redners mit großem Interesse gefolgt, aber es ist mir doch dabei immer wieder der Eindruck entstanden: es müsse etwas geschehen, um auch den Blinden, welche lesen gelernt haben, nachdem sie in das bürgerliche Leben übergegangen find, Mittel zu schaffen, daß sie fortlesen können. Der Herr Rudner fagt felbst: die Blinden verlernen das Lesen wieder, weil fie nur ein Buch haben, oder keins, und dadurch gehe auch die Lust und das Interesse daran verloren.

Demnach würde, felbst wenn es fich gar nicht um das Moonsche System handelte, die Frage nahe liegen, ob für die vielen Blinden, welche hier der Blindenanstalt aus- und in das bürgerliche Leben eingetreten oder welche nie in einer Anstalt gewesen find, nicht etwas geschehen müsse, damit ihnen geistige und geistliche Nahrung geschafft werde?

Es ist zwar von Herrn Director Mörget bemerkt worden, die Blinden brauchten gar nicht zu lesen; das Wort Gottes könne ihnen mündlich mitgetellt werden. Das Evangelium fei auch erst geprodigt und dann erst geschrieben worden. Das ist wahr hinfichtlich des ersten Anfanges der Kirche Christi. Aber wir wissen auch, daß das Evangelium erst von da ab die Welt erobert hat, als

es geschrieben wurde, als die Evangelien geschrieben
vorhanden waren und den Gemeinden vorgelesen wurden.
So ist es trotz Tertullian und feines „fine charta et
atramentol" Das ist ein Factum; daran lässt fich nichts
verändern, und ebenfo werden Sie mir nicht in Abrede
ftellen, daß die evangelifche Kirche nicht da wäre,
wenn das Evangelium nicht als ein gefohriebenes und
zum Lefen gegebenes existirte.

Ich macke davon nur die Anwendung auf unfere
Blinden. Ich fage: unfere Blinden können wir nicht
regelmäßig und öfter in die Kirche führen; die wenigsten
derfelben werden in einer Lage fein, wo ihnen jemand
recht oft das Evangelium nahe legt, fo wie es uns Sehenden
in taufenden von Schriften und Büchern nahe kommt.
Ich halte es daher, um meinen letzten Gedanken heraus-
zufagen, für eine evangelifch-protestantifche Pflicht,
es möglich zu machen, daß unfre Blinden das Evangelium
lefen können, felbst wenn ich von aller andern Bildung
und deren Stoffen gar nicht rede. Diefe Pflicht halte
ich für eine fcharf zu präcifirende Forderung fo lange,
bis fie erfüllt ist. Der Vortrag des Herrn Vorredners
hat gezeigt, daß diefer Pflicht auf dem Wege, welchen
wir bisher allein eingebchlagen haben, nicht vollständig
genügt ist. Daher glaube ich, daß etwas weiteres,
complémentirendes gefchehen muss.

Dabei fragt es fich dann: ob nach diefem oder
jenem Alphabete? An fich liegt mir an dem Alphabete
felbst wenig; wenn ich die Überzeugung gewönne, daß
das Stuttgarter System ebenfogut zum Ziele führte, fo
würde ich schon als geborner Würtemberger demfelben
zugeneigt fein.

Wenn nun gefagt ist: die Blinden hätten kein rechtes
Interesse für das Lefen überhaupt, fo wäre das allerdings ein großer Übelstand; aber der kleine Kreis von
Blinden, welche bei uns zufällig jetzt aufgefunden find,
fpricht doch eigentlich gegen diefe Behauptung. Wir
haben von den Blinden felbst gehört, daß fie froh waren,
das Lefen nach diefer Schrift zu lernen, daß fie rasch

zugriffen und jetzt bitten: nehmt es uns nicht, laßt es
uns noch besser lernen.

Ich glaube also, auch der letzte Vortrag nötigt uns
zu fragen: haben wir nicht eine Verpflichtung, dahin zu
wirken, daß etwas geschehe?

Dir. Merget: Ich will nur noch bemerken, daß ich
mich als Pädagoge darüber gefreut habe, aus dem Vortrage des Herrn Röfner zu vernehmen, welche formal
bildenden Elemente die Bekanntmachung der Kinder mit
den lateinischen Uncialbuchstaben darbietet, daß dabei
zugleich die mathematischen Grundbegriffe erläutert und
eingeübt werden.

Ein Blinder: Ich bin Steinfetzer, bei mir ist das
Gefühl durch die Arbeit gehörig abgestumpft; nach der
Stuttgarter Schrift habe ich die Buchstaben nicht heraus-
erkennen können, diese Schrift aber habe ich lefen gelernt, wovon ich den Beweis liefern kann.

Lehrer Bernhard: Ich glaube, daß die Blinden felbst
das competenteste Urteil abgeben können. Ich habe ihnen
beide Systeme vorgelegt; alle, felbst die, welche in der
Anstalt gewefen find, haben gefagt, daß die Stuttgarter
Schrift der Moonschen nachstehe.

Oberconfistorialr. Dr. v. Mühler: Meine Herrn, wir
können wohl zum Schlusse kommen. Wir stehen vor
einem Entscheidungsmomente. Die Männer, welche fich
zufällig für die Sache zufammengefunden haben, haben
es für ihre Pflicht erachtet, das neue System, welches
ihnen entgegengetreten ist, nicht ohne weiteres von der
Hand zu weifen, fondern eine Probe damit zu machen,
zu verfuchen, ob fich die Sache bewähren würde, und
ob es geraten fein möchte, darin mehr zu tun. Wir
haben die Refultate, welche bis jetzt erreicht find, vorgelegt; Sie haben darüber gesprochen und es wird nun
ein wefentlicher Beitrag zu den weiter zu nehmenden
Schritten fein, durch eine Erklärung festzufetzen, wie
fich die hier anwefende Verfammlung zu der Sache verhält.
Ich bitte daher, daß diejenigen der geehrten Anwefenden:
welche wünschen, daß auch fernerhin die

Sache mit Eifer und Liebe verfolgt werde,
fich erheben.

(Es erhebt fich fast die ganze Verfammlung.)
Wenn nun der Sache ein weiterer Fortgang geschafft
werden foll, fo wird dazu ein kräftiges Zufammenwirken
eines größeren Kreifes von Männern nötig fein. Ich
glaube annehmen zu dürfen, daß diejenigen, welche bisher
an den Arbeiten für die Sache teilgenommen haben, fich
ihr auch ferner nicht entziehen werden. Es scheint mir
aber auch zweckmäßig, die Namen der Männer, welche
unter der ersten Aufforderung gestanden haben, zu ver-
stärken. Ich möchte daher bitten, daß aus der Verfammlung felbst Männer namhaft gemacht würden, von denen Sie
wünschen, daß fie fich fernerhin an unfern Bestrebungen
beteiligen möchten. — Ich möchte fragen, ob die Herren
Seminardirector Thilo und Dr. Michaelis geneigt wären
hinzuzutreten?

(Die genannten erklären fich dazu bereit.)

Dann bleibt mir nur noch übrig, allen den geehrten
Anwefenden für die wohlwollende Teilnahme, welche fie
der Sache geschenkt haben, den besten Dank auszusprechen.

Nachtrag.

In den Berliner Blättern für Schule und Er-
ziehung, hrsggb. von Bonnell, Fürbringer, Thilo,
1861 No. 6 u. 8, ist ein mit B. unterzeichneter Bericht
über die beiden abgehaltenen Verfammlungen gegeben,
welchem Hr. Seminardir. Thilo folgende Nachschrift
zufügt:

„Unferes Erachtens wurde in der Debatte, über welche
vorstehender Bericht gegeben worden, zwischen Erlernung des Lefens und zwischen Ausübung des erlernten Lefens im Leben nicht immer streng unterschieden.
Über Erlernung des Lefens von Seiten der Blinden haben
ohne Zweifel fehende Lehrer, welche den Lefeunterricht erteilen, eine vollgültige Stimme, und diefe wird

. 4

ihrerseits sich dahin erklären müssen, daß das Erlernen
des Lesens bei solchen, welche vor der Erblindung noch
nicht lesen gelernt hatten, nach beiden Systemen gleich-
viel Arbeit mache, bei solchen aber, welche vor ihrer
Erblindung den Act des Lesens nicht bloß begriffen,
sondern fertig ausgeübt hatten, in gleichem Grade leicht
sei unter angemessener Anleitung.

Darum bildete auch die Anwendung des Moonschen
Systems auf Erlernung des Lesens gar nicht den eigentlichen Gegenstand der Frage, wohl aber ob die anerkannte
Abneigung vieler Blinden gegen die von ihnen erlernte
Lesekunst ihren Grund im Stuttgarter System habe, und
ob das Moonsche System hoffen lasse, daß eine solche
Abneigung gegen die Ausübung des Lesens, nachdem
es erlernt worden, nicht eintreten werde? Hierüber nun
können nicht Vollsinnige endgültig urteilen, sondern
nur Blinde. Die blinden Leser aber begründen ihre
Abneigung gegen das Lesen einstimmig durch die Ein-
richtung des Stuttgarter Systems und sehen die Ursache
von dem Vergnügen, welches sie nunmehr am
Lesen finden, in der Eigentümlichkeit des Moonschen
Systems. Welcher Sehende nun wollte ihnen dies nicht
gönnen, da es doch nur für sie da ist? — Welcher
Sehende nicht wünschen, an seinem Teile ihnen die
Freude mehren zu helfen, welche sie vom Lesen sich
versprechen?" —

Ich stimme diesen Schlusssätzen unbedingt bei, bin
aber auch überzeugt, daß sowohl das ursprüngliche Erlernen des Lesens wie die Ausübung des erlernten
nach dem vereinfachten Buchstabensysteme für die Blinden
unter allen Umständen leichter und sicherer von statten
gehen müsse, als nach dem complicirteren. Wenn auch
namentlich jüngere Schüler die römische Schrift ganz gut
lesen lernen, so kann ich doch nicht zweifeln, daß nach
dem seiner ganzen Anlage nach einfacheren Systeme noch
günstigere Resultate erzielt werden müssen. Je geringer
die Hindernisse sind, welche sich der Erreichung eines
Zieles entgegenstellen, um so rascher und sicherer muss

daselbe auch erreicht werden. Daß aber die einfacheren
Moonschen Buchstaben dem lesenden Blinden weniger
Hindernisse bereiten als die zusammengesetzteren römischen
Uncialen, scheint mir unzweifelhaft und wird nach allem,
was wir gehört haben, durch die Erfahrungen der Blinden
felbst bestätigt.

· · In·Nr. 9 der genannten Blätter hat sich der Director
der hiesigen kön. Blindenanstalt, Herr Dr. Ullericy, entschieden gegen die Moonsche Schrift ausgesprochen, indem er ·dabei von der Ansicht ausgeht, daß die Moonschen Buchstaben rein der Willkür entsprossen seien, eine
Ansicht, welche ich glaube als eine nicht richtige in
dem obigen hinreichend dargetan zu haben. Auf ge-
wissen vermittelnden Festsetzungen muss natürlich jede
Schrift beruhen, da der hörbare Laut an sich einem andern
Gebiete der sinnlichen Eindrücke angehört, als das sicht-
bare oder tastbare Zeichen, wir ·sind· aber noch keineswegs berechtigt, eine jede Schrift, welche sich in ihren
Zügen mehr oder weniger von der historischen Ausbil-
dung der lateinischen entfernt, schon deshalb eine rein
willkürliche zu nennen. · ·

· Wenn Hr. Dir. Ullericy ferner sagt: „Von allen
willkürlich erfundenen Schriftzeichen, deren es sehr viele
gibt, wäre das Alphabet von Braille in Paris, welcher
durch Verfetzung von 6 Punkten nicht nur jedes
Lautzeichen, sondern auch Noten für den Musikunter-
richt darstellt, gewiss vorzuziehen" — so dürfte er auch
in dieser Behauptung zu weit gegangen sein. Ein jeder
blinde wie sehende wird sich leicht überzeugen können,
daß die relative Lage von mehreren Punkten sich für den
tastenden Finger nicht so leicht wird auffassen und unterscheiden lassen, wie dies mit den elementaren Moonschen Zeichen der Fall ist.

Damit der geehrte Leser selbst darüber urteilen
kann, wie Braille's System im Princip von dem Moonschen abweicht, lasse ich hier die Brailleschen Schriftzeichen folgen, und zwar nach der sehr empfehlens-
werten Zeitschrift: L'Instituteur des Aveugles.

4 *

Journal mensuel, par M. Guadet, chef de l'Enseig-
nement à l'Institution impériale des Jeunes Aveugles,
boulevard des Invalides, no. 56 à Paris, Année scolaire
1855,56, no. 5, Février 1856.

A,₁ B,₂ C,₃ D,₄ E,₅ F,₆ G,₇ H,₈ I,₉ J,₀

K   L   M   N   O   P   Q   R   S   T

U   V   X   Y   Z   Ç   É,oin   À   È   Ù,iou

Â,an   Ê,in   Î,on   Ô,un   Û,eu   Ë,ou   Ï,oi   Ü,eh   Œ,eu   W,h

.   :   :   .   ? | ( )   ((•   ))

'   -   Ì,ian   Æ,ien   O,ion   Signe des Nombres.

Zur Erläuterung bemerke ich hier nur, daß die erste
Reihe von 10 Zeichen die auf zwei Linien stehenden
Fundamentalzeichen find, welche die ersten 10 Buchstaben
des Alphabets von A bis J und zugleich die Ziffern 1,
2 .... 9, 0 darstellen. Die zweite Reihe der Buchstaben von K bis T ist daraus abgeleitet durch den links
daruntergefetzten Punkt; die dritte Reihe von U bis Û,
ieu durch zwei daruntergefetzte Punkte; die vierte
Reihe von Â,an bis W,ll durch den rechts daruntor-
gefetzten Punkt. Die fünfte Reihe, die Interpunctionen
enthaltend, ist aus der ersten dadurch entstanden, daß
die Constellationen der ersten Reihe um eine Stufe tiefer

gerückt find. Dazu kommen dann noch die 6 im Princip ab-
weichenden Supplementarzeichen der 6. Reihe für l, æ, ô,
den Apostroph, den Bindestrich und den Zahlenindex.

Der Schreibapparat für die Brüillesche Schrift hat
große Ähnlichkeit mit dem bei uns eingeführten, welcher
in Hebold's Schreibschule für Blinde beschrieben ist
und den der hiefige geschickte Mechanikus Maerz in
großer Vollkommenheit zu mäßigem Preife liefert. Man
vergleiche darüber noch: Cyclopaedia of useful Arts, ed,
by Charles Tomlinson, Part 32 s. v. Printing.

Eine Vorarbeit zu dem Brailleschen System bildete
das von Charles Barbier aufgestellte System. Diefer
ordnete die Laute in folgende Tabelle von 36 Stellen:

a	i	o	u	é	è
an	in	on	un	eu	ou
b	d	g	j	v	z
p	t	q	ch	f	s
l	m	n	r	gn	l mouillé
oi	oin	ien	ste	x	ment

und deutete dann durch zwei Reihen von Punkten an,
der wievielsten Horizontalreihe ein zu bezeichnender
Laut angehörte und die wievielste Stelle er in diefer
Reihe einnahm, fo daß z. B. das Wort „b-ien-f-ait"
folgender Weife geschrieben wurde:

Später ordnete Barbier die Laute in 5 Reihen und be-
zeichnete fie durch Zufammenstellung von nur je 3 Punkten.
Dies foll fich jedoch nicht bewährt haben.

Die ganze Richtung, der das Braillesche System angehört, ist wohl nicht aus der eigentlichen Schriftentwick-
lung als folcher hervorgegangen, fondern aus demjenigen
Surrogate der Schrift, welches der berühmte blinde englische Mathematiker Saunderssen durch die Erfindung
feiner Blindentafel den Blinden zu schaffen fuchte, worüber
man die Philofophical Transactions von 1741 und Lach-

manns Blindentafel, Braunschweig 1841 vergleiche. Ein
folches Syftem ist daher auch feinen gefammten Grund-
principien nach von Schriften wie die römische und auch
die Moonsche durch eine fo weite Kluft getrennt, daß
eine directe Vergleichung zwischen ihnen fehr schwer
ist und fehr leicht nach der einen oder andern Seite hin
zu einer ungerechten werden kann, weshalb es vielleicht
besser gewefen wäre, in eine Verhandlung, bei der es
fich vor allem um das Verhältnis des Moonschen Systems
zu den Blindenschriften handelt, welche unmittelbar auf der
hiftorischen Bafis der lateinischen Schrift stehen, das Braillesche System gar nicht mit hineinzuziehen. Denjenigen geehrten Lefern, welche ein weiteres Interesse an dem gefammten Gebiete der für die Blinden erfundenen Zeichenfysteme
nehmen, empfehle ich jedoch, das Braillesche Alphabet
mit dem in mathematischer Beziehung viel confequenteren
bei Lachmann a. a. O. S. 17—18 zu vergleichen. Als
Schrift zum Zwecke des Lefens und Schreibens kann ich
freilich weder das eine noch das andere empfehlen. Man
hüte fich aber wohl, Richtungen, welche nicht gerade mit
denen des eigenen Kopfes übereinstimmen, schon deshalb
als rein willkürliche anzufehen. Was heute noch als
unzweckmäßig angefehen wird, kann vielleicht nach kurzer
Zeit durch eine weitere Entwicklung die Quelle noch
ungeahndeter Fortschritte werden.

Übrigens werden auch die Grundzeichen des Brailleschen Systems für die Vorstellung am besten zurückge-
führt auf die Formen:

wodurch die Zeichen diofes Systems doch wiederum in
Beziehung treten zu einem Teile der Formen des Moonschen Systems. Indem aber aus diefen Grundzeichen die
der übrigen Reihen durch untergefetzte diakritische Punkte,
gewissermaßen als Reihenindices (die Interpunktionen
durch tiefere Stellung) abgeleitet find, hat man dabei be-
ständig auseinandergerissene, ganz verschiedene Funotio-
nen ausübende Elemente für die einzelnen Laute aufzu-
faessen, was jedenfalls ein großer Nachteil und eine be-

deutende Erschwerung ist. Ein andrer Übelstand ist der,
daß hier, wie auch bei andern ähnlichen Verfuchen, überhaupt alles lediglich auf der Reihenfolge der Buchstaben
im gewöhnlichen Alphabete beruht, die zwar für lexica-
lische Zwecke meist noch als eine notwendige angefehen
wird, die aber in liguistischer und grammatischer Beziehung fo viel Übelstände hat, daß es ganz ungeraten ist,
fie zur Grundlage neuer Schriftzeichen zu wählen. (Man
vergleiche darüber meine Schrift: Über die Anordnung
des Alphabets, Berlin 1858.)

Wenn die Blinden dennoch eines fo unbehilflichen
Systems mächtig zu werden im Stande find — wie dies
von Frankreich aus behauptet wird, was ich auch nicht
bezweifeln will — fo wird wenigstens das allgemein zu-
gestanden werden müssen, daß ihnen ein fo einfaches
System, wie das Moonsche ist, nicht schwer werden kann.
Unbegreiflich aber ist es mir, wie man in Frankreich,
dem Lande fo vieler mathematischer Köpfe ersten Ranges,
in diefer Beziehung noch nicht zu etwas angemessene-
rem gelangt ist.

Über die Anwendung des Brailleschen Systems auf
die Noten für den Unterricht der Blinden in der Mufik
erlaube ich mir kein Urteil auszusprechen, indem ich dazu nicht competent bin.

Zum bessern Verständnis dessen, was in dem bis-
herigen über einzelne englische Schriftfysteme für Blinde
(Gall, Lucas, Alston etc.) angeführt ist, mögen hier noch
ein paar historische Notizen Platz finden.

Im Jahre 1832 fetzte die Society of Arts for Scot-
land als Preis für das beste Alphabet für Blinde eine
goldene Medaille im Werte von 20 Pfd. St. aus. Es
gingen im ganzen 19 Systeme ein, von denen 16 zur
Concurrenz kamen. Die Systeme zerfielen in zwei Klassen

1) folche, welche im wefentlichen auf der historischen Grundlage des römischen Alphabetes beruhten und
diefes mehr oder weniger modificirten,

2) folche, welche von rationellen Principien, namentlich stenographischen und mathematischen, ausgingen.

Zur ersten Klasse gehörten von den eingegangenen Systemen drei, oder vier, zur zweiten alle übrigen. Schon dieses Zahlenverhältnis gibt einen deutlichen Fingerzeig dafür, nach welcher Richtung hin für die Entwicklung der Blindenschrift ein ziemlich allgemein gefühltes Bedürfnis vorliegt. ‚ ‚ ‚ ‚ ‚ :) . ‚

Zu denen der ersten Klasse gehörte das fog. Triangularfystem von James Gall (Buchhändler in Edinburg), welcher die römischen Buchstaben stark modificirté und in eckige Formen brachte. ‚ ‚ ‚

Zu denen der zweiten Klasse gehörte* das System von Lucas, welches später von der London Society for teaching the Blind to read angenommen wurde. Ferner das phonetische System von Frère, welches später in einem Blindeninstitute in Liverpool angenommen wurde.

Die eingegangenen Systeme wurden 1836 den englischen Blindeninstituten zur Begutachtung zugeschickt; Alston († 1846), welcher 1828 in Glasgow ein Blindeninstitut gegründet hatte, schlug, wie dies auch der bereits verstorbene Dr. Fry getan hatte, die Annahme der römischen Majuskeln vor, und der Preis wurde in dem Bericht vom 31. Mai 1837 dem Dr. Fry zugesprochen. Alston hat nach feinem System die ganze Bibel in 19 Bänden drucken lassen, von denen 4 das Neue Testament enthalten.

Gall's Sohn verließ später das System feines Vaters und nahm die lateinischen Majuskeln und Minuskeln an und die British and foreign Bible Society ließ darin mehrere Schriften erscheinen. Für das Blindenasyl von Bristol wurden unter Leitung von W. Taylor von York feit 1854 durch J. E. Taylor in London Werke in lateinischen Majuskeln und Minuskeln gedruckt. Auch Edmund C. Johnson, tangible Typography, or how the Blind read. London 1853, enthält die lateinischen Majuskeln und Minuskeln. ‚ ‚ ‚ ‚

Von den stenographischen Systemen enthält das von Lucas gerade Linien, Kreisbogen und viele Verbindun-

gen einer geraden Linie oder eines Kreisbogens mit
einem kleinen Kreife. Einfacher find die Formen in dem
phonetischen Systeme von Frère, welcher die Bustrophedonschrift einführte. Aus dem Frèresche ist nun das
wefentlich vollkommnere von Moon hervorgegangen,
welcher, abgefehen von den Mängeln der Orthographie,
die historische Grundlage des römischen Alphabetes mit
den stenographischen Forderungen der Einfachheit der
Formen und der größeren mathematischen Bestimmtheit
in glücklicher Weife zu verbinden gewusst hat, fo daß
ich fein System entschieden für das beste unter allen
bisher bekannt gewordenen halte, obwohl ich es noch nicht
in allen Beziehungen für schon abgeschlossen erachten
kann. Wir dürfen dabei nicht verkennen, daß gerade
in diefer Vermittelung die Hauptbedeutung des Moonschen Systems liegt.

Während nun Frère in den von rechts nach links
gehenden Zeilen die Buchstaben von rechts nach links
umlegte, hat es Moon vorgezogen, auch in diefen Zeilen
allen Buchstaben diefelbe Stellung zu belassen, welche
fie in den nach rechts gehenden Zeilen haben. (Vgl.
oben S. 33). Ob er daran recht getan, möchte ich lieber
noch dahingestellt fein lassen. Lässt man es für den
Druck wie für das Schreiben bei der Frèreschen Weife,
fo hat man den Vorteil, daß, wenn man das mit dem
Griffel vertieft beschriebene Blatt von rechts nach links
umwendet, man die Schrift fofort ganz ebenfo wie die
Druckschrift als eine erhabene lefen kann, nur mit dem
Unterschiede, daß dann die Zeilen, welche ursprünglich
nach rechts gingen, nach links gehen, und umgekehrt.
Es macht fich dann alfo das, was die Heboldsche Schrift
durch das Umlegen der Buchstaben erreicht, hier ganz
von felbst. Es ist dies ein Umstand, der allerdings für
die Bustrophedonschrift spricht, jedoch in der Frèreschen, nicht in der Moonschen Weife, und der uns für
diefelbe einen neuen nicht unwichtigen Gefichtspunkt
eröffnet. Man beachte dabei, daß ja überhaupt die Bustrophedonschrift die Brücke gewefen ist, durch welche

man von der nach links gehenden Schrift zu der nach
rechts gehenden hinübergeleitet worden ist. Vrgl. Franz,
Elementa Epigraphices Graecae, p. 35. Auch die eigentümliche Anordnung des Runenalphabets, zu dem das Moonsche ebenfalls in naher Beziehung steht, ist nach Dr. F. Her-
mes (Germanische Runen, Zeitschr. für Sten. VI, 67—82)
aus der Bustrophedonschrift hervorgegangen.

Moon geht vorwärts und rückwärts, ohne fich an
den Wendepunkten zu drehen und hebt damit die Symme-
trie der ursprünglichen Furchenschrift auf, bei welcher
eine Zeile genau das Spiegelbild der diefelben Worte
darstellenden entgegengefetzt gerichteten ist. Der Name
Bustrophedonschrift passt daher auch streng genommen nicht mehr auf feine Schrift, weshalb man fie wohl
zur Unterscheidung mit dem von Herrn Gen.-Sup. Dr.
Hoffmann gebrauchten Ausdrucke: Serpentinen-
schrift benennen könnte.*) Gäbe man allen Buchstaben,
ähnlich wie den schönen griech.-lat. A, I, O, T etc. nach
rechts und links fymmetrische Formen, was auch aus-
führbar wäre, fo würden beide Schriftarten zufammen-
fallen und dadurch den Blinden ein neuer Vorteil gewährt
werden. — Von beiden Arten der Schriftwendung ist
noch eine dritte, befonders in Runeninschriften vorkom-
mende zu unterscheiden, bei welcher fich die eigentlich
nur eine, stüts nach derfelben Seite hin fortschreitende
Zeile bildende Schrift bandartig in den verschiedensten
Windungen nach oben, unten, rechts, links hinwendet,
weshalb man diefe: Band- oder Spiralschrift nennen
könnte.

Stenographische Kürzungen hat Moon nur für die
Endfilben -ing, -ness, -ment, -tion, fowie ein befon-
deres Zeichen für and aufgenommen.

Von dem blinden G. A. Hughes, der eine Blinden-
lehranstalt in Westminster Bridge Road, London, errichtet
hat, erschien: A new embossed Alphabet for the Blind,
welches auf ähnlichen Principien wie das von Braille beruht.

---

*) Vielleicht könnte man sie noch bezeichnender Krebsschrift
nennen.

Ich kann aber, wie schon bemerkt, diefe Richtung trotz des
theoretischen Interesses, welches fie bietet, für eine allgemeine Blindenschrift nicht als empfehlenswert erachten.

In den vereinigten Staaten, wo man feit 1831 Blindeninstitute errichtet hat, stehen fich befonders zwei Systeme
gegenüber: das des Dr. Howe in Boston, eine nicht
fehr ansprechende Umformung der lateinischen Minuskeln,
welches nach dem wohl etwas zu fehr lobenden Berichte
über die Londoner Ausstellung in 14 Instituten eingeführt
ist, und das von Ch. Friedländer in dem Institute zu
Philadelphia eingeführte der römischen Majuskeln
Ein drittes aus den lateinischen Majuskeln und Minuskeln
bestehendes ist in dem Blindeninstitut in Virginia angenommen. (Vgl. L'Instituteur des Aveugles 1855/56.)

In Deutschland hat außer der Stuttgarter Schrift,
den römischen Majuskeln, u. a. Dr. W. Lachmann in
Braunschweig, ein Bruder des berühmten Philologen, die
lateinische Schreibschrift mit großen· und kleinen Buchstaben angewandt, wie dies auch in Frankreich der erste
Begründer des Blindenunterrichtes, der im März 1822
gestorbene Valentin Haüy, getan hatte, welcher feit
1784 die ersten Verfuche machte erhabenen Druck für
Blinde herzustellen. Auch in Wien druckt man Majuskeln
und Minuskeln.

Sollte es gelingen mit der Einfachheit und leichten
Tastbarkeit des Moonschen Systems eine die störenden
Auswüchse des gegenwärtigen verwilderten Gebrauches
vermeidende, die richtige Vermittelung zwischen dem
phonetischen und etymologischen Princip treffende Orthographie zu verbinden, was für das deutsche durchaus
keine unüberwindlichen Schwierigkeiten bietet, fo dürften
wir wohl die Hauptforderungen, welche an eine allgemeine Blindenschrift zu stellen find, als im wefentlichen
gelöft betrachten können. Für das englische, wo die
Lautverhältnisse in fo eigentümlicher Weife von den ursprünglichen abgewichen find, wird allerdings die Erreichung diefes Zieles wohl noch eine weit längere Arbeit
und viel härtere Kämpfe erfordern als bei uns. Daß

aber an der Erreichung diefes Zieles den fehenden ebenfo gut wie den Blinden, und vor allen den Pädagogen
gelegen fein muss, wird wol kein denkender und prüfen-
der Kopf leugnen wollen.

Es scheint mir nun, als ob diejenigen Herren, welche
als Gegner des Moonschen Systems aufgetreten find, fich die
Kluft zwischen den römischen Buchstaben und den Moonschen viel größer gedacht haben, als fie wirklich ist.
Sie scheinen mir den Umstand, daß die Moonschen Zeichen
ja doch überwiegend nur als graphische Vereinfachungen der
römischen Uncialen anzusehen find, nicht genug ins Auge
gefasst und dadurch eine zu schroffe Stellung gegen
die Moonschen Bestrebungen eingenommen zu haben.
Beide Schriften, follte ich meinen, könnten in jeder Blindenanstalt fehr gut fich unterstützend nebeneinander gehen.
Wo aber das System etwa noch einzelne Mängel zeigt, und
es für abfolut vollkommen zu erklären, ist hier wohl niemand eingefallen, mir felbst am wenigsten, — da dürfen wir
nicht ohne weiteres das gute mit dem minder guten ver-
werfen, fondern haben die Pflicht, das gute darin festzu-
halten und zu pflegen, das weniger gelungene aber mit
möglichst vorfichtiger Überlegung im Geiste des Systems
zu beffern und fo auf dem gut gelegten Grunde das Gebäude zu feiner Vollendung zu führen, und zu feiner
allgemeinen Anerkennung mitzuwirken.

Ich glaube daher diefen Bericht nicht besser schließen
zu können, als indem ich den Wunsch und die Hoffnung
ausspreche, daß auch die jetzigen Gegner des Moonschen
Systems, wenn fie fich nur erst mit den Beziehungen der verschiedenen Alphabete zu einander etwas weiter werden
vertraut gemacht haben, fich ebenfalls bald mit dem Gedanken einer Vereinfachung der Schrift für die Blinden,
wie er in dem Moonschen Systeme feinen Ausdruck gefunden hat, befreunden werden, und daß es dann der
guten Sache nicht an der geistigen und materiellen Un-
terstützung fehlen möge, die zu ihrem ferneren Gedeihen
erforderlich ist.

Druck von C. Guthschmidt & Co. in Berlin.

DRUCKPROBE,

mit beweglichen Typen von Trowitzsch u. Sohn,
Berlin. April 1861.

I E A C B J N SZ O H

T M V D G F Z SCH

S L K U Q P

R Y X W CH

A B C D E F G H I

J K L M N O P Q R

S T U V W X E Z

CH SCH SZ

SCHAUET HER IR

BLINDEN. ÖFFNE

MIR DIE AUGEN

DASZ ICH SEHE.

1 2 3 4 5 6 7 8 9 0

Druckfehler,

um deren Berichtigung gebeten wird.

S. 4, Anmerkung, Z. 3 lies: Belisar statt Balisar.

S. 24, Z. 15 v. u. lies: Rauch statt Bauer.

S. 24, Z. 14 v. u. lies: Serbeck statt Lerbeck.

S. 29, Z. 9 v. u. lies: Hebold's Schreibschule für Blinde.

S. 29, Z. 5 v. u. lies: von links nach rechts.